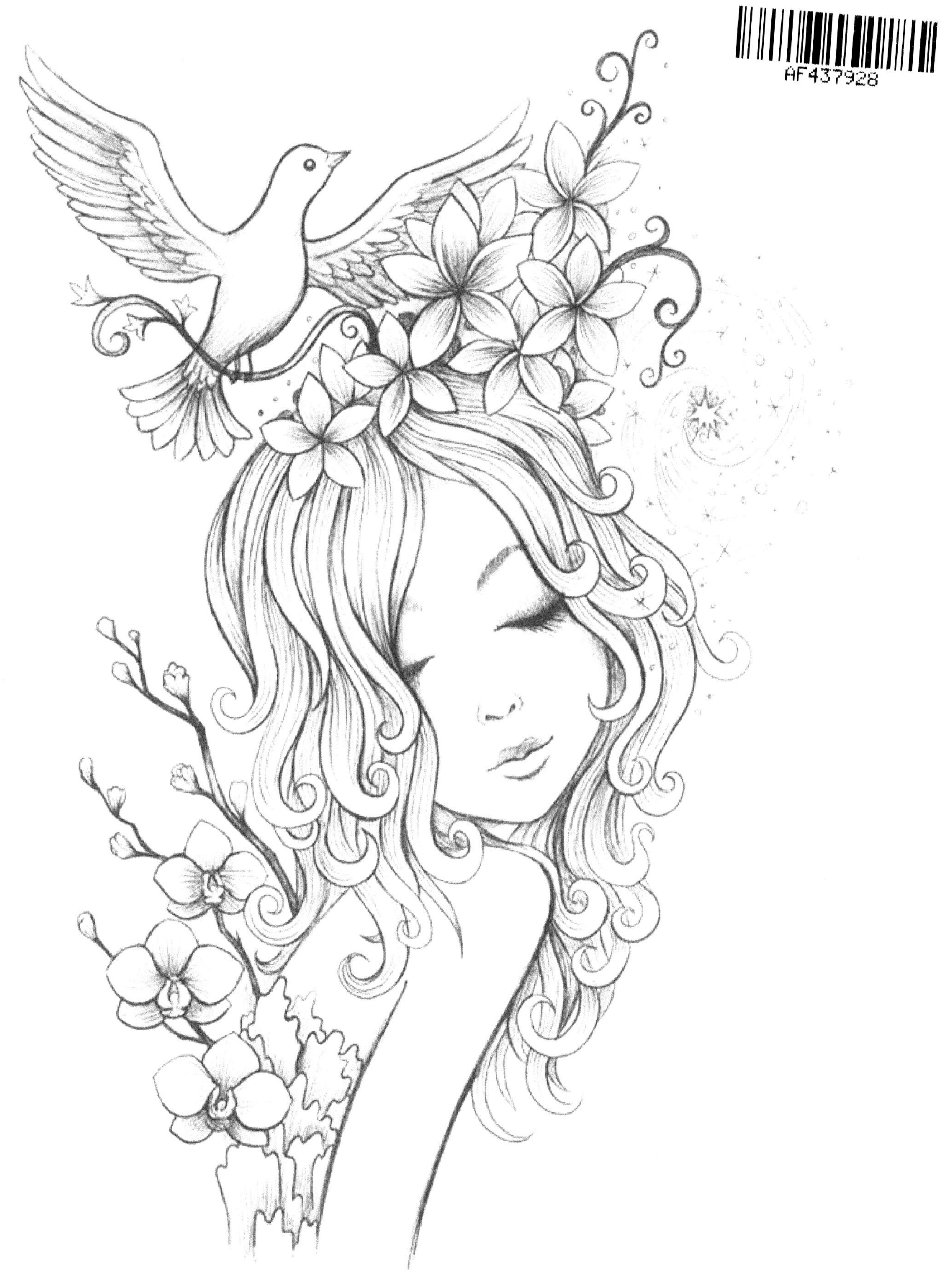
AF437928

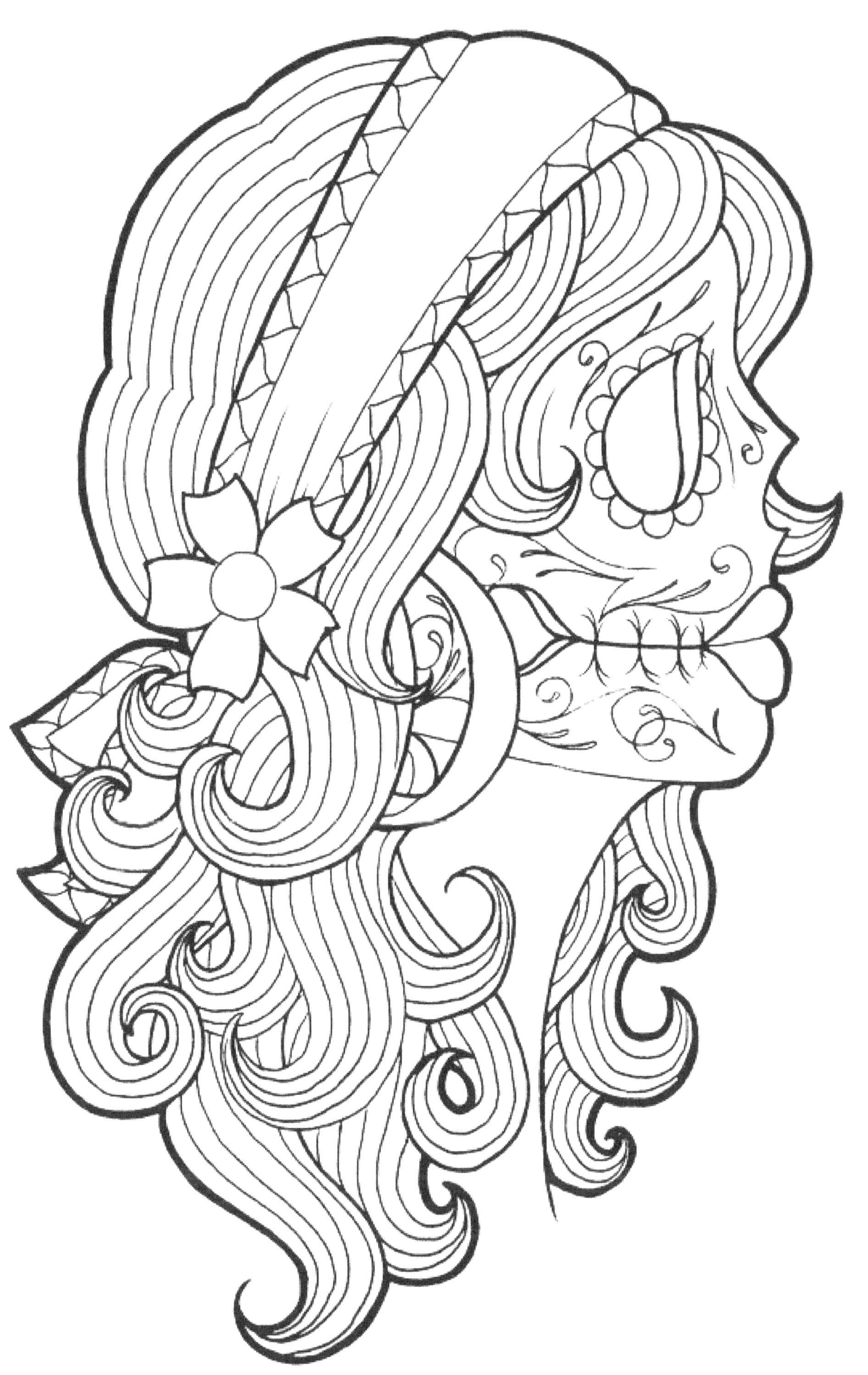

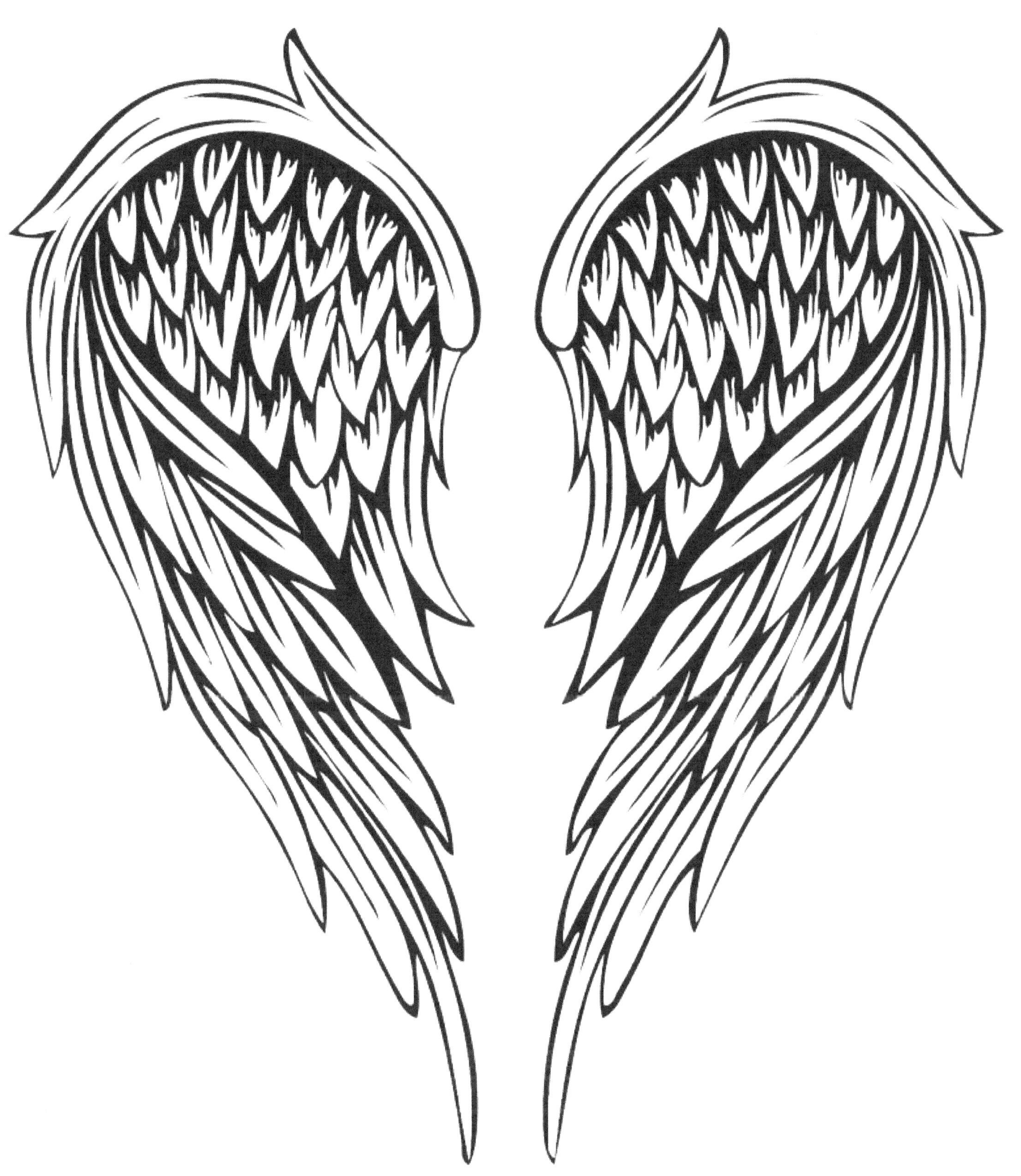

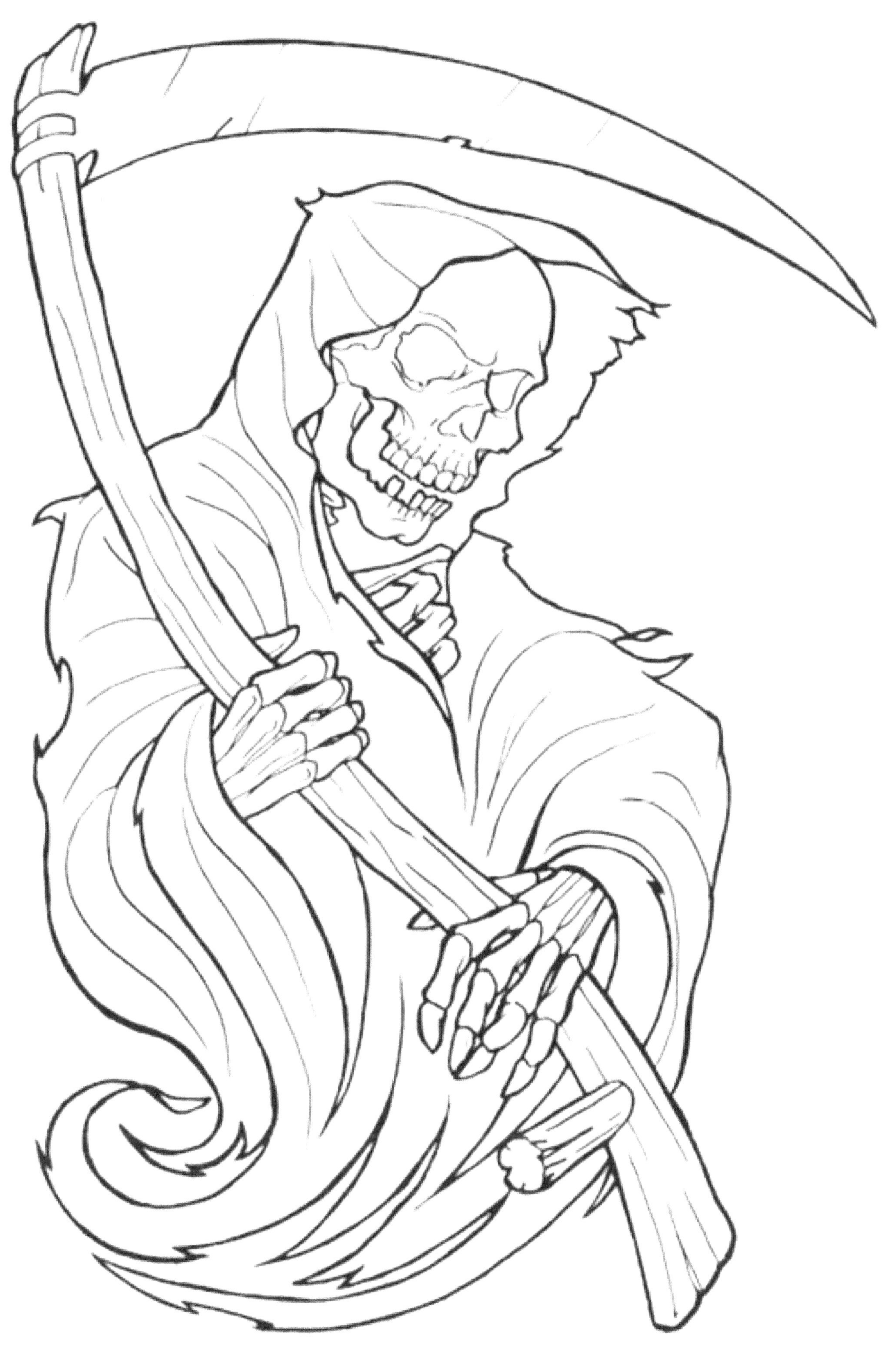

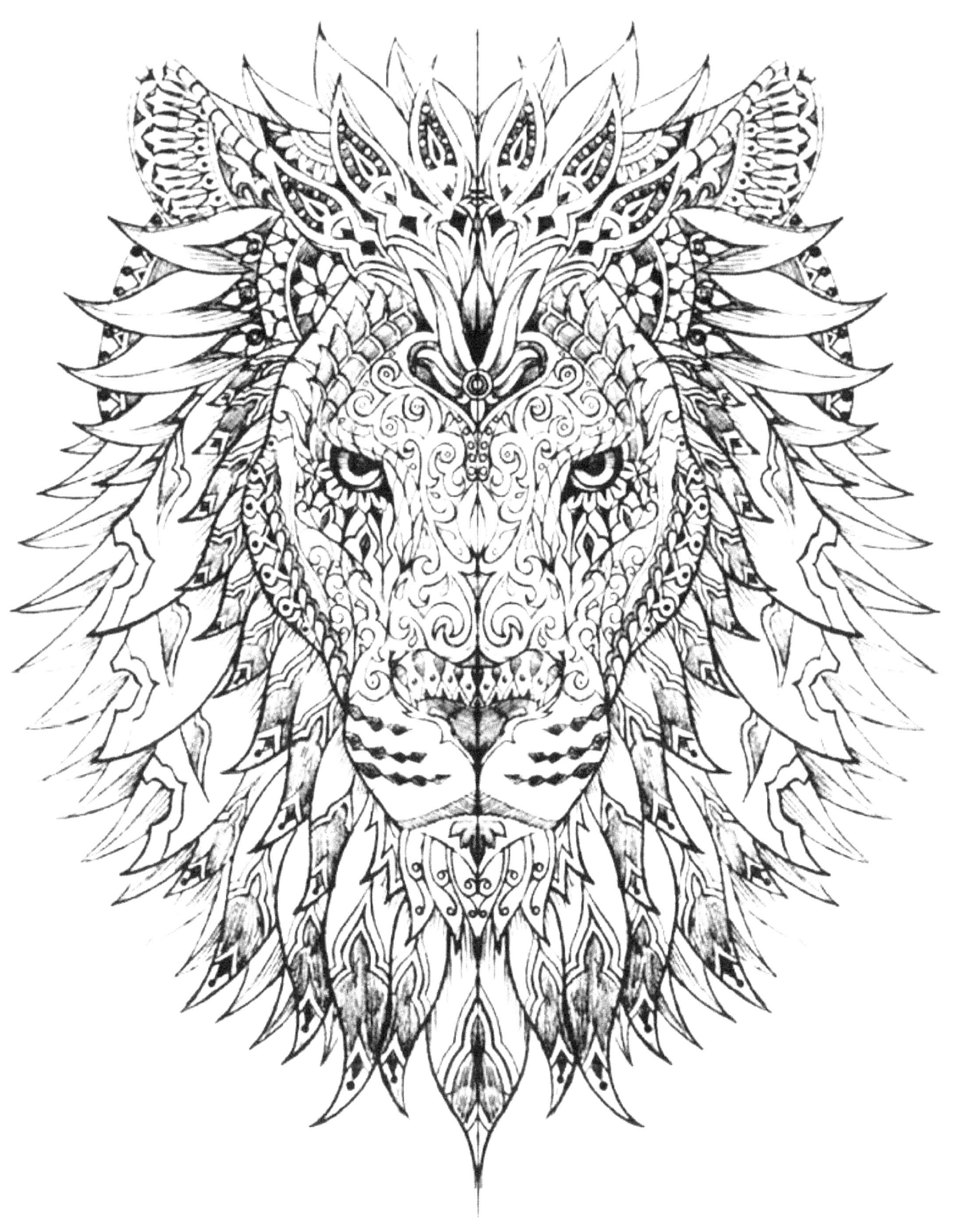

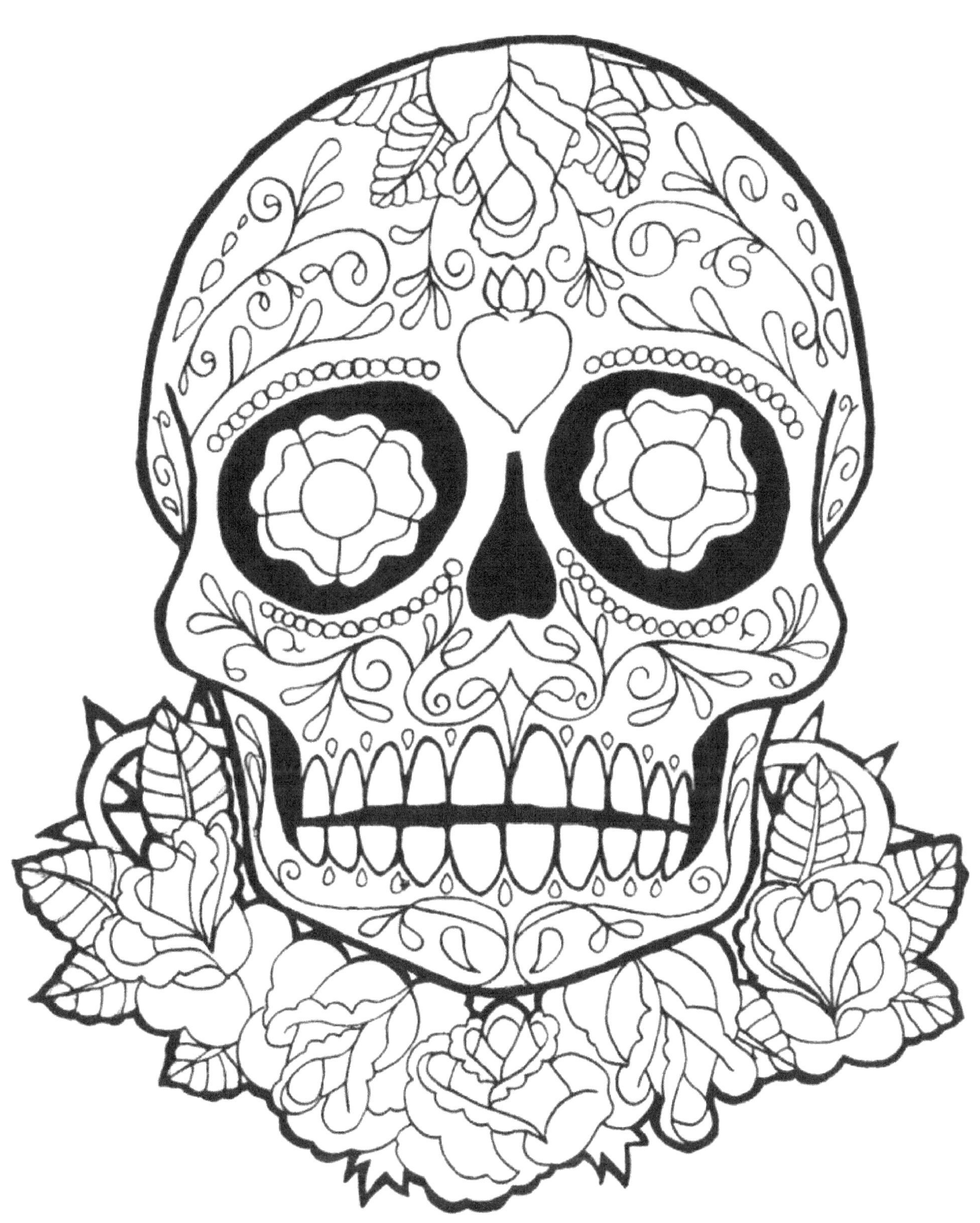

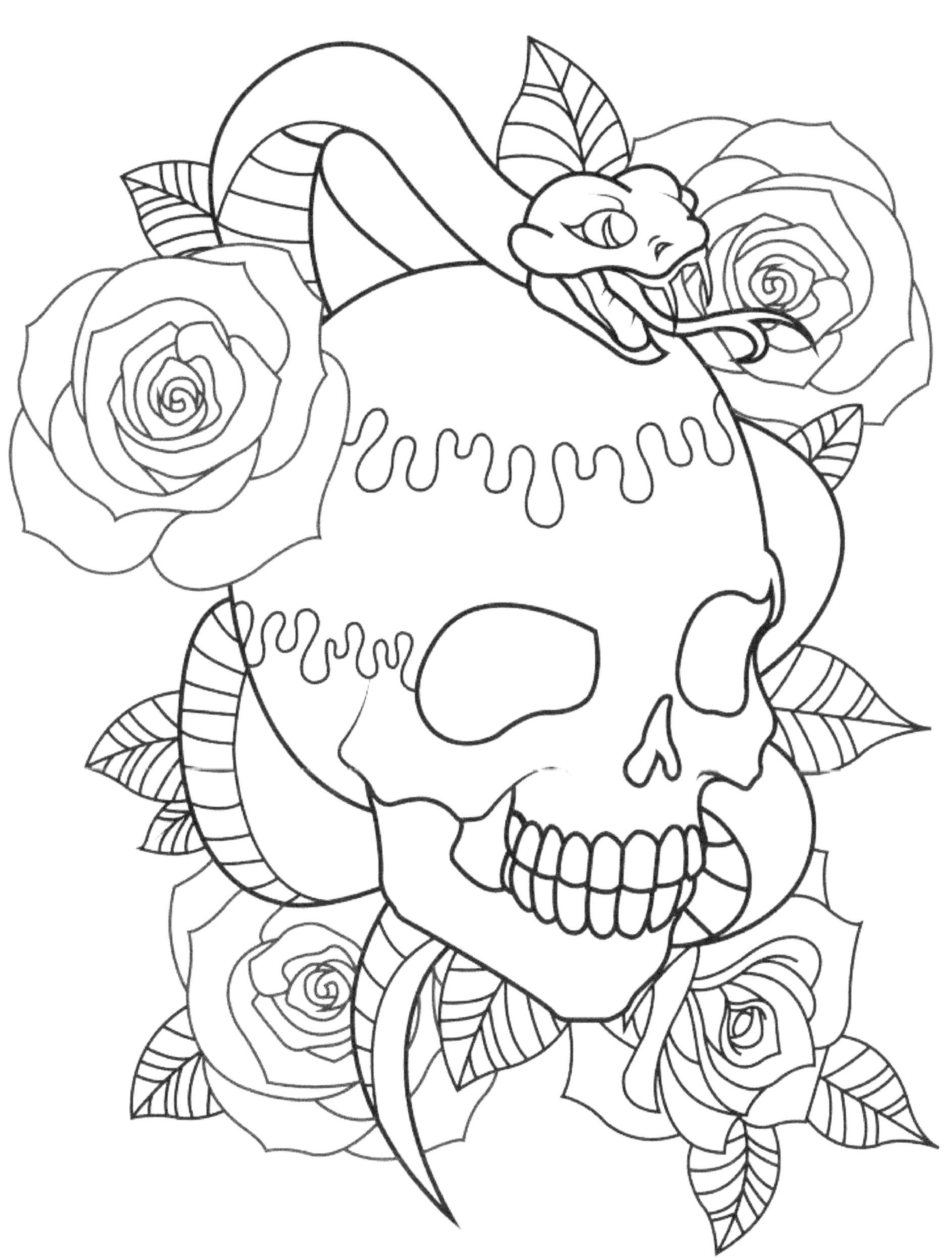

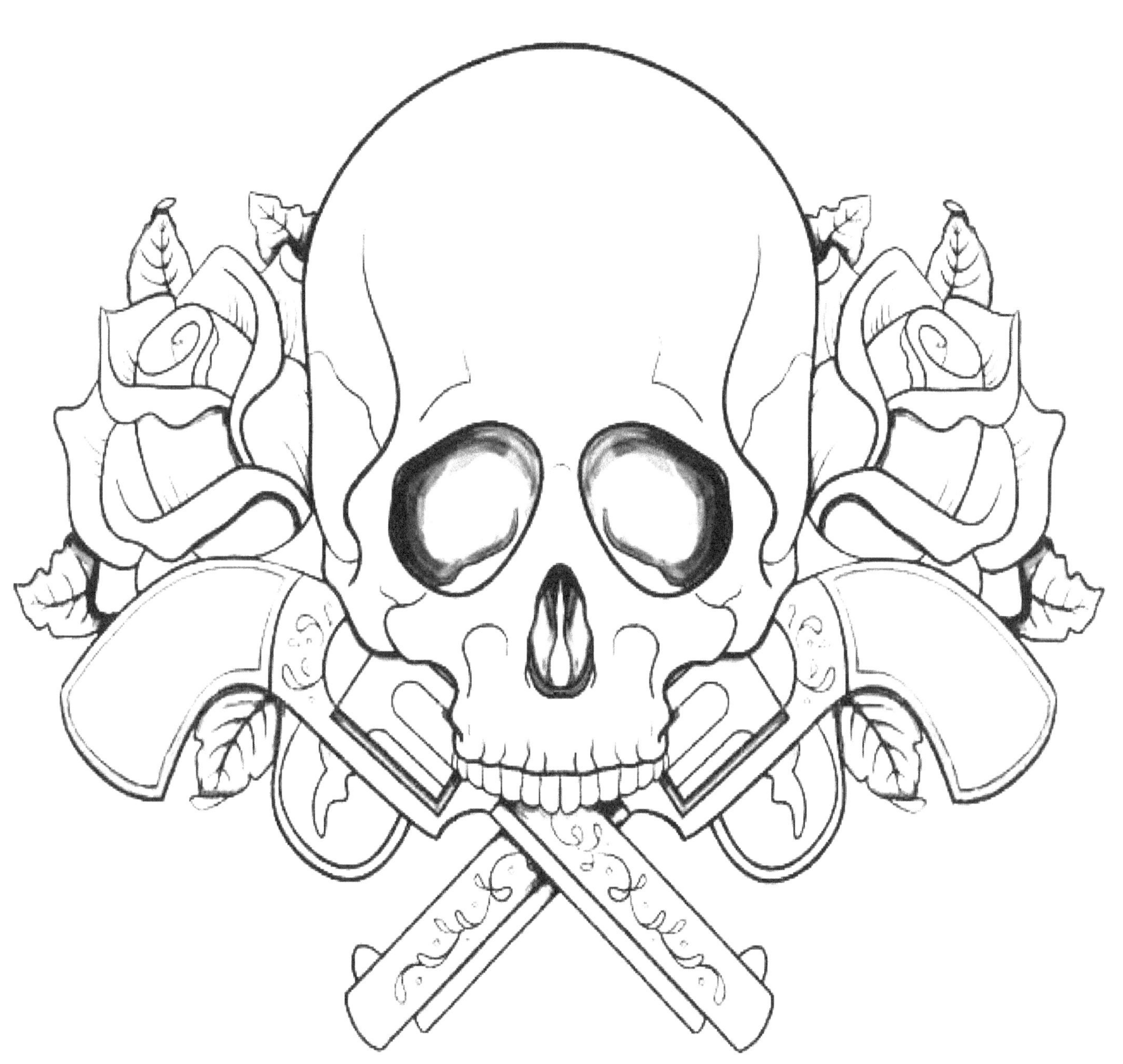

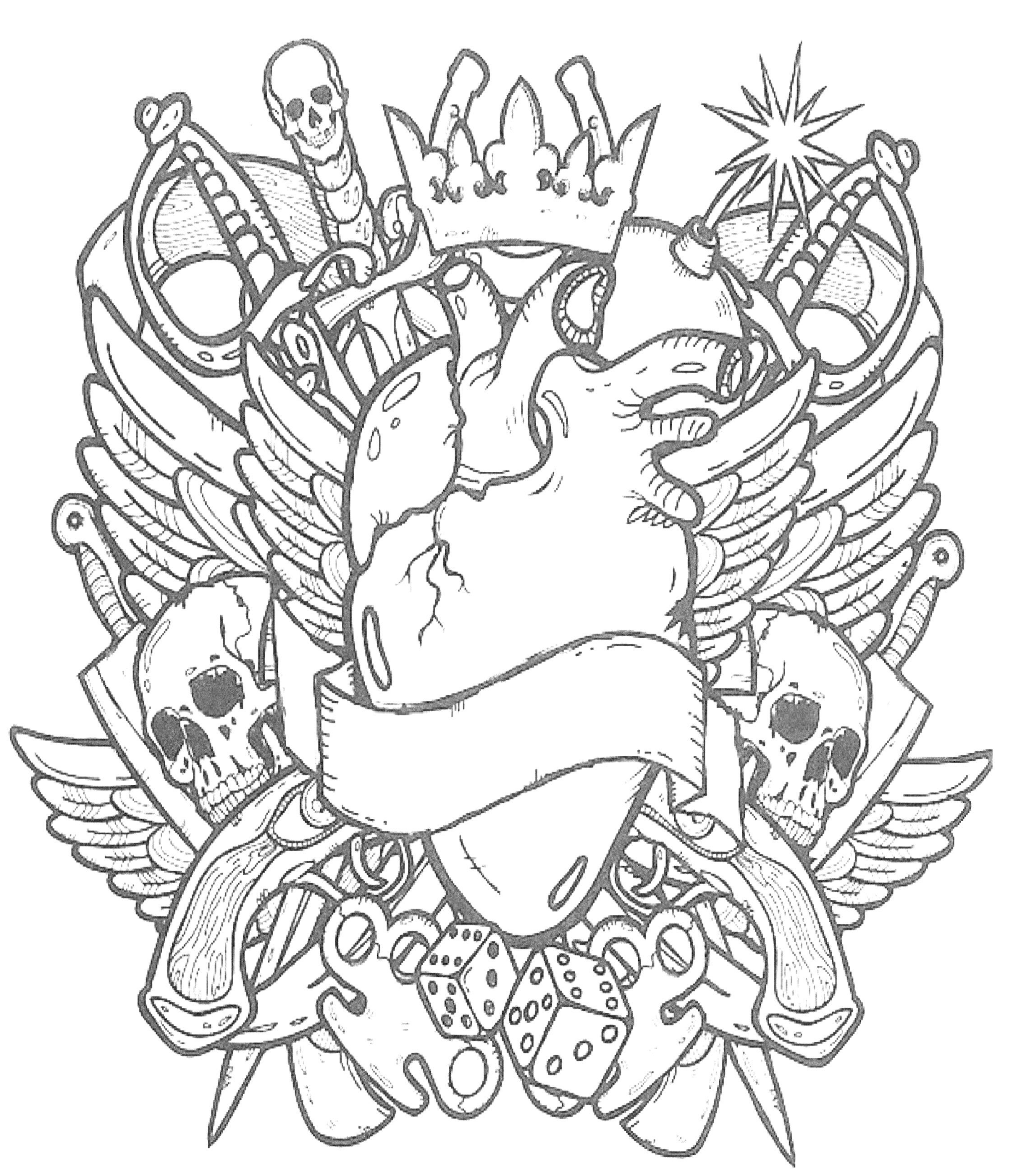

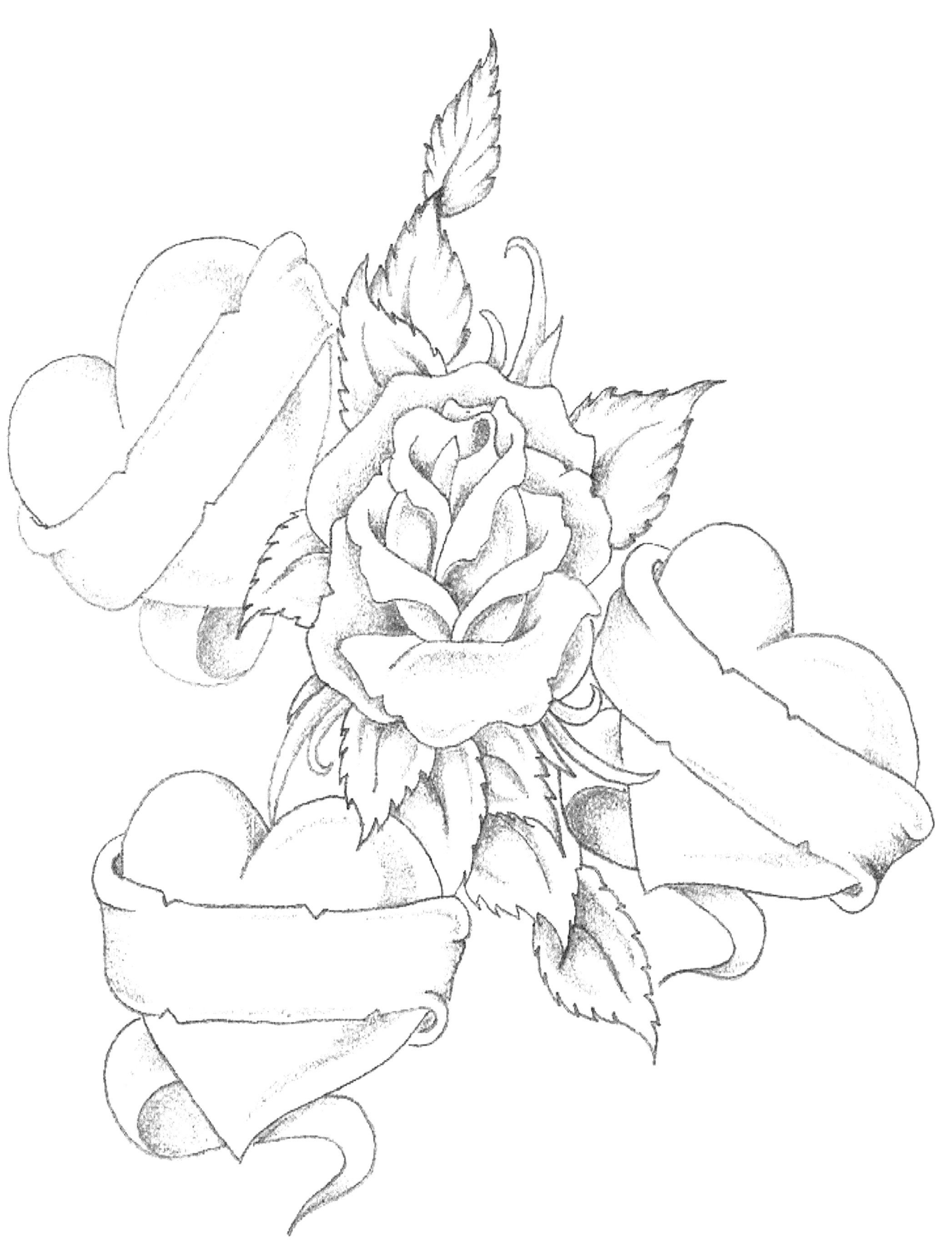

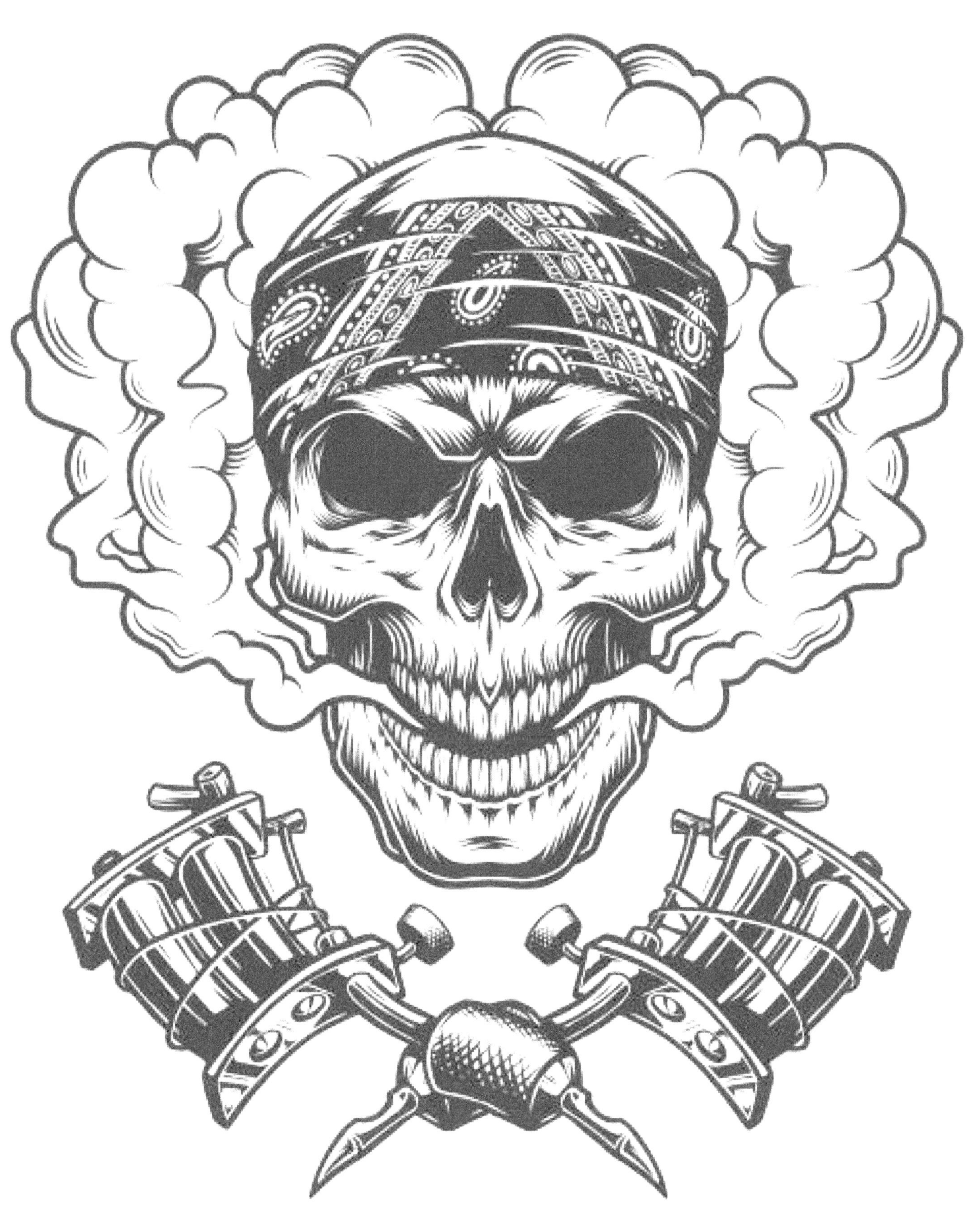

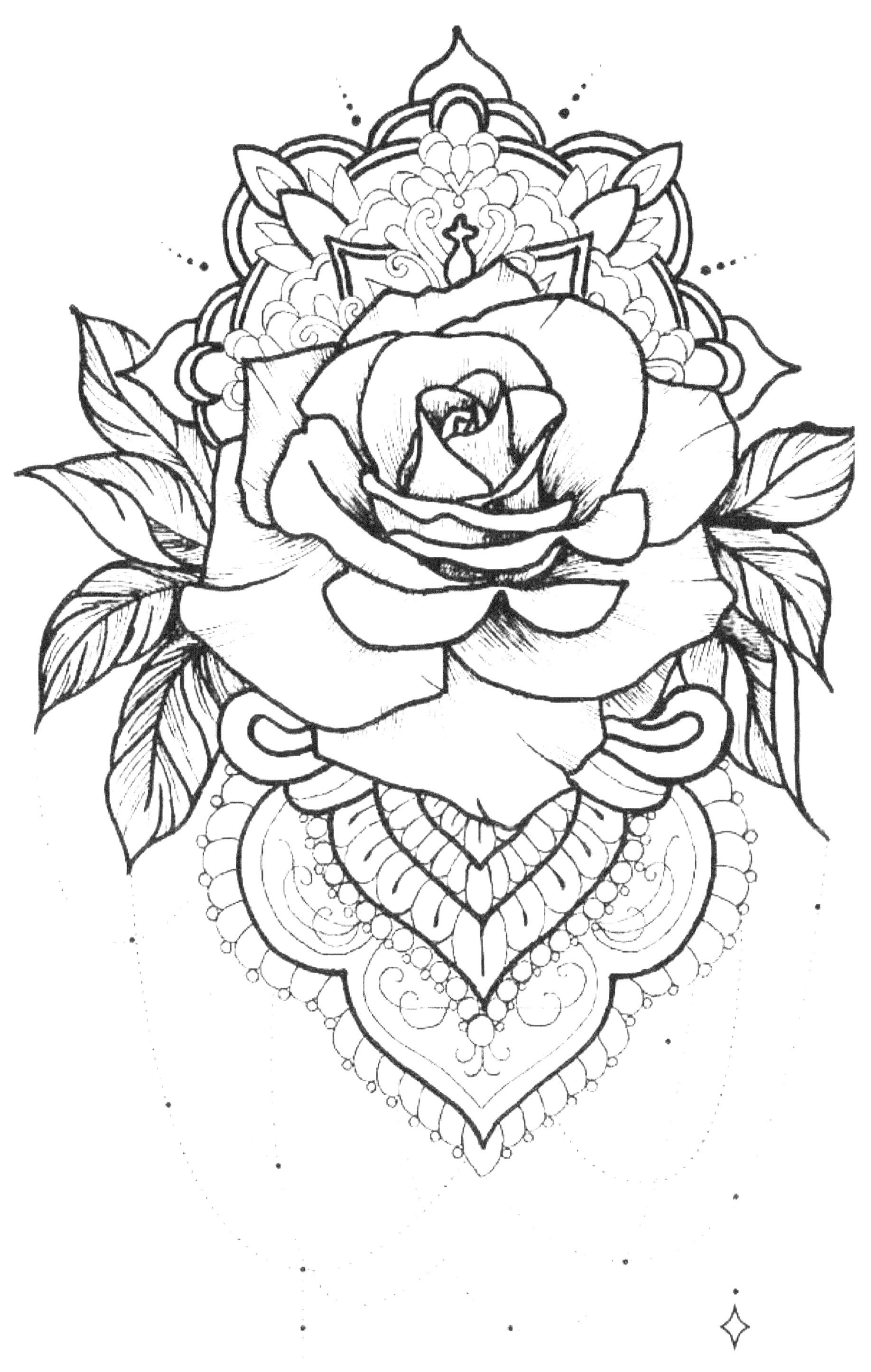

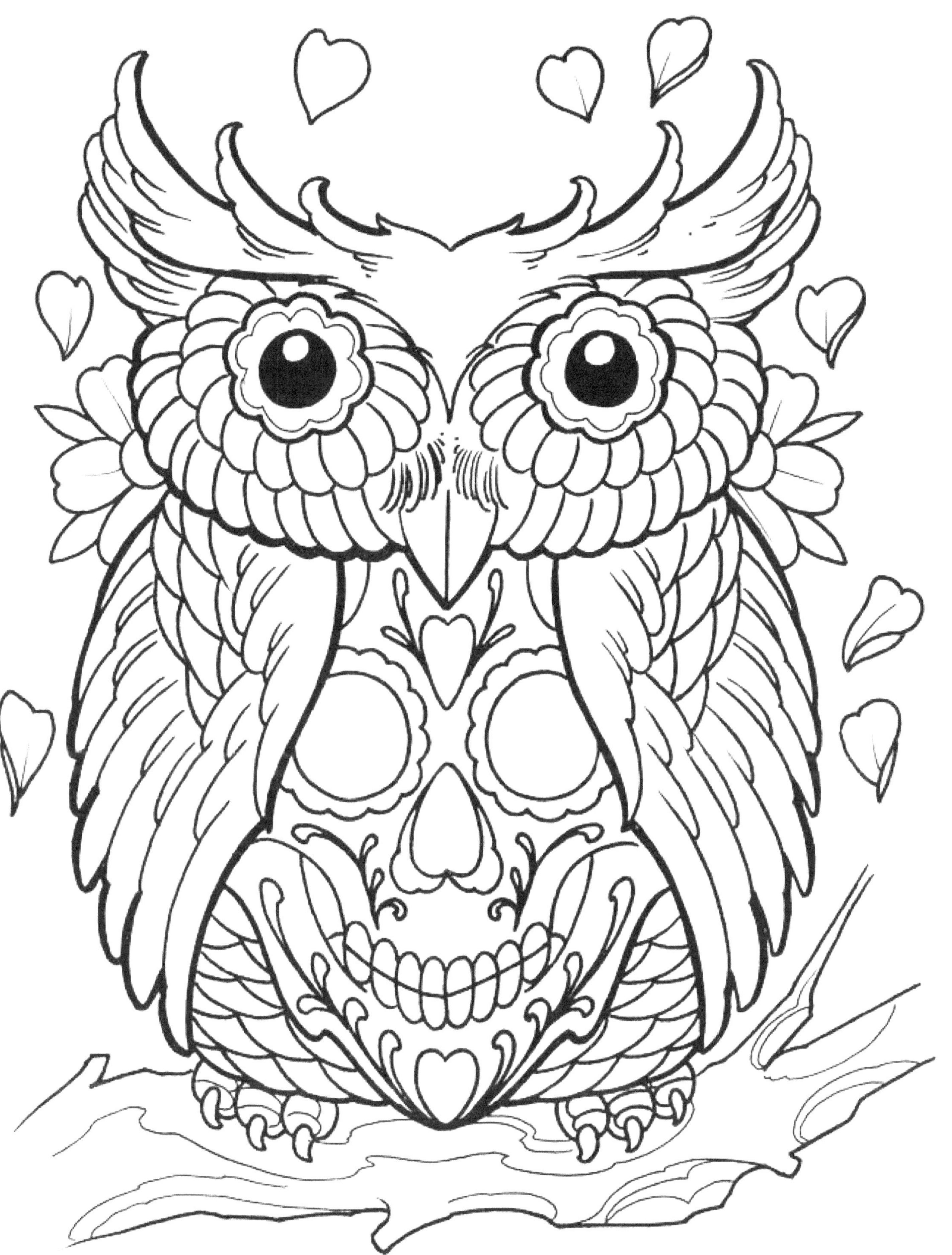

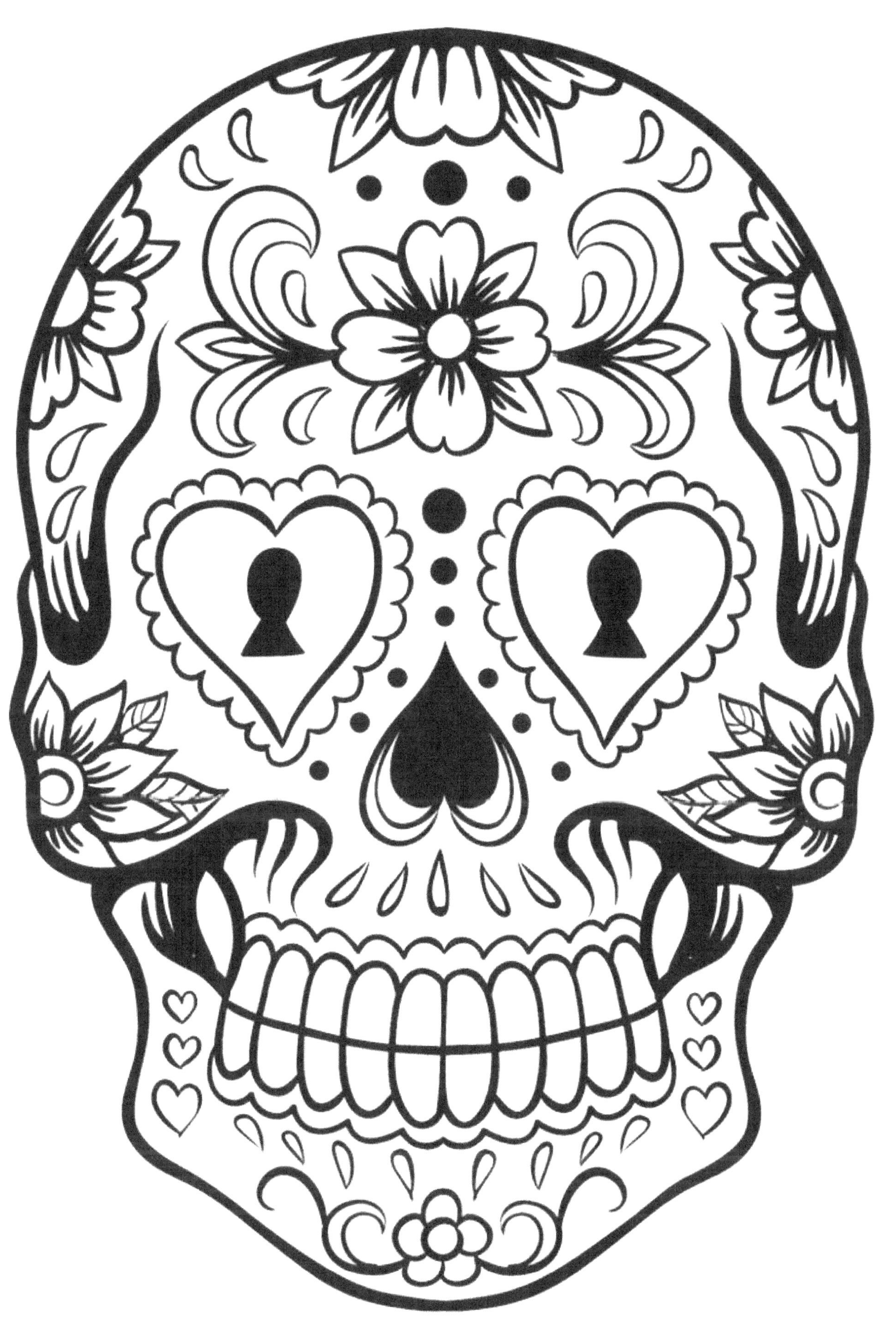

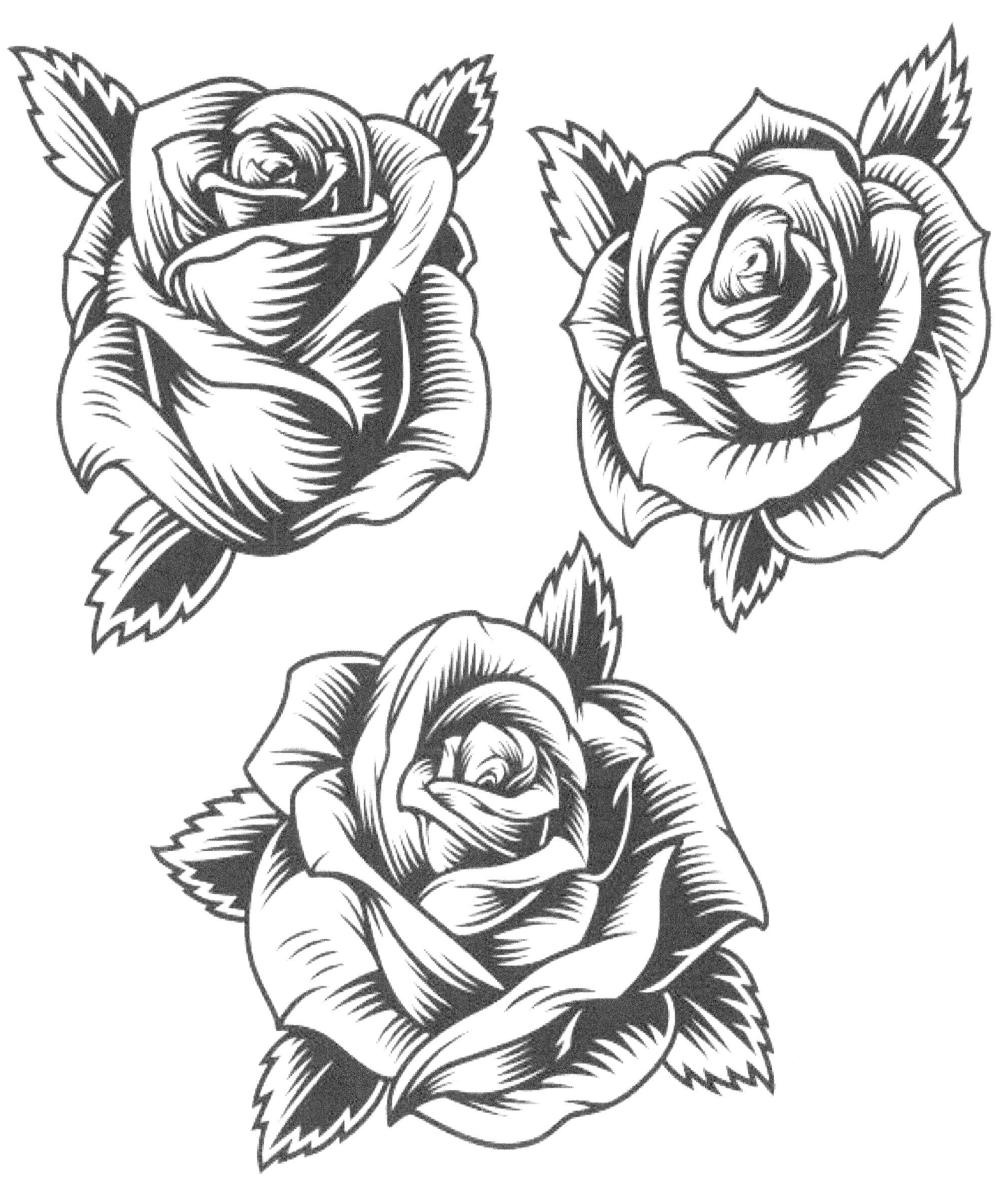

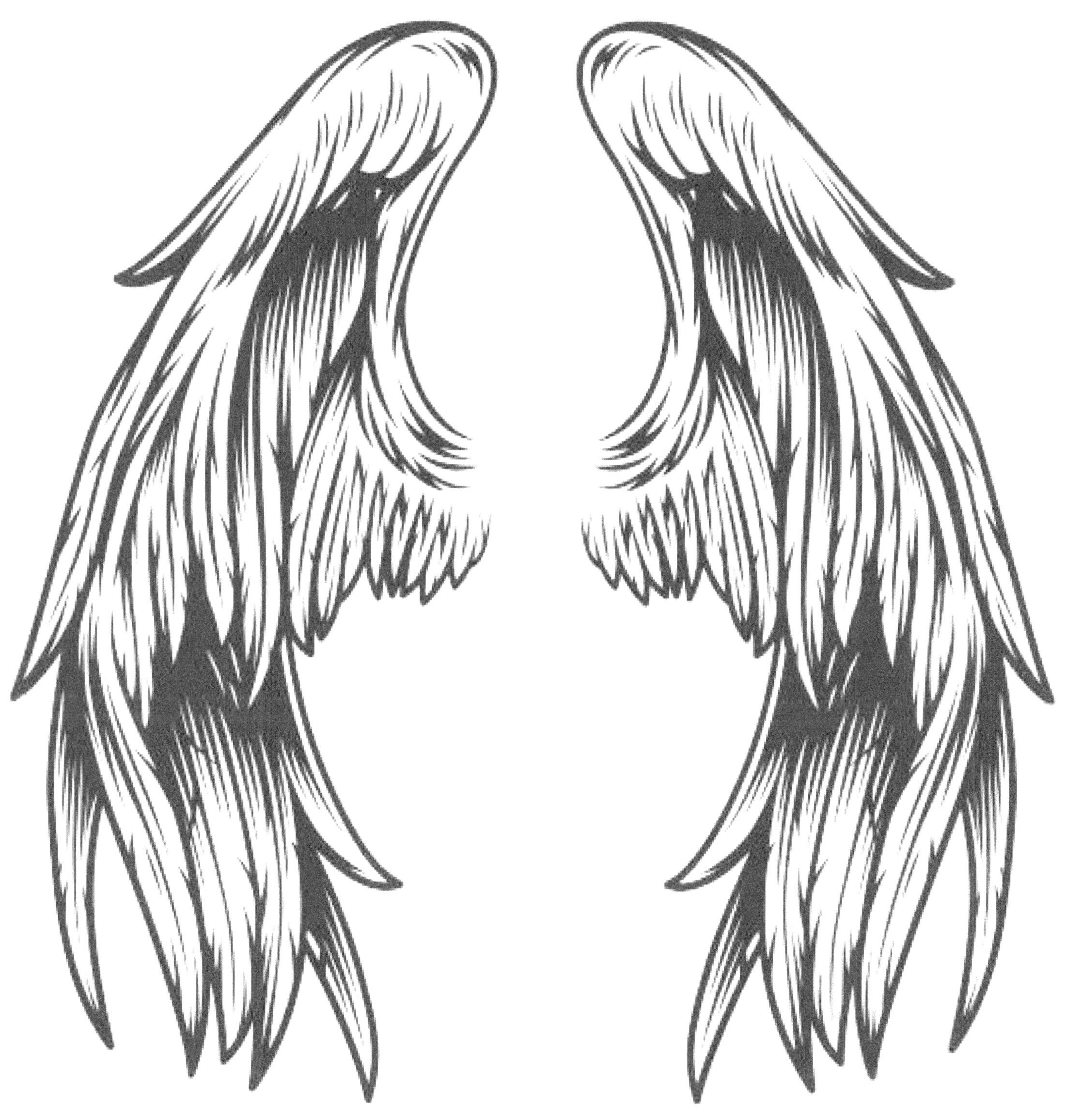

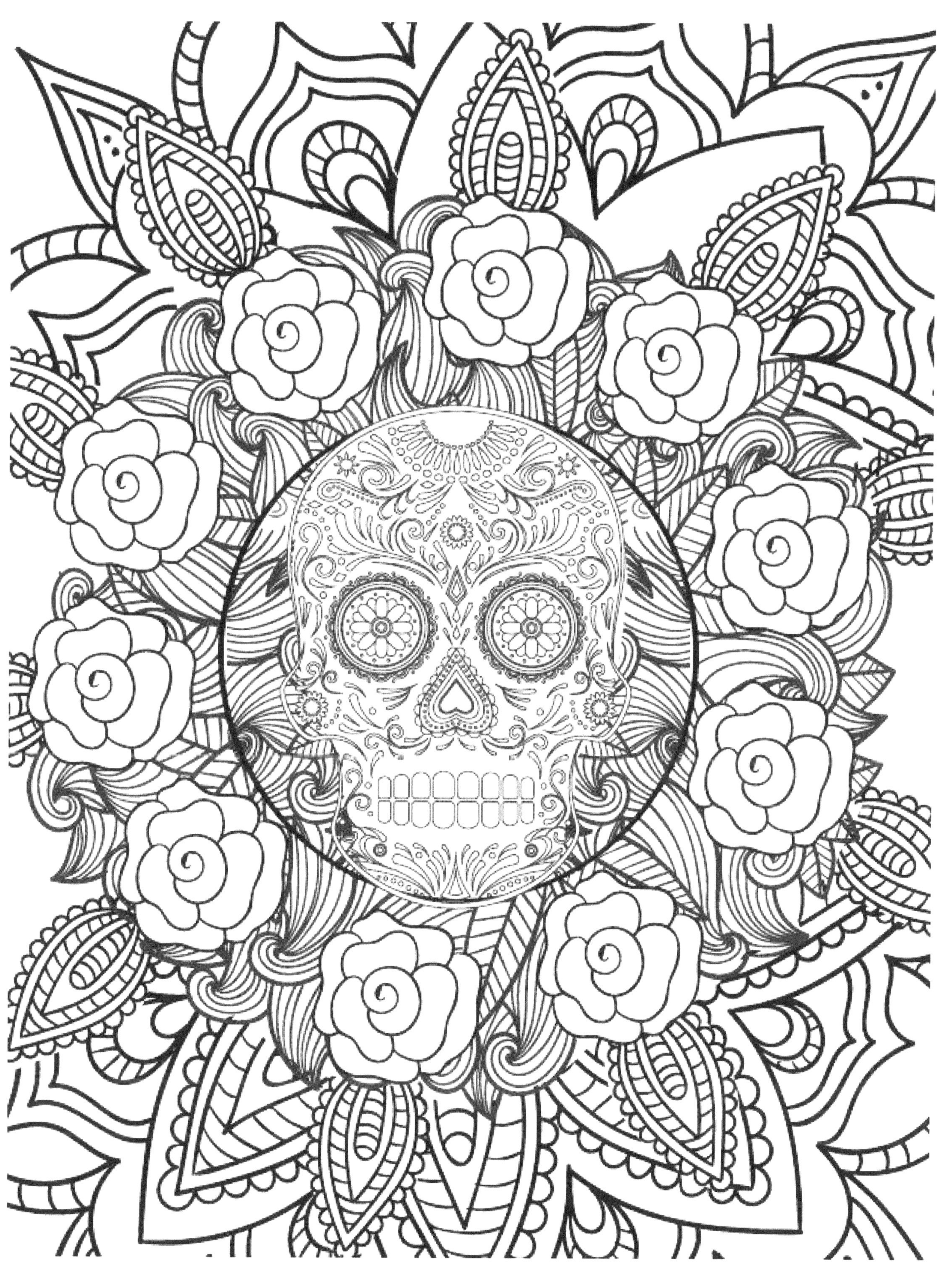

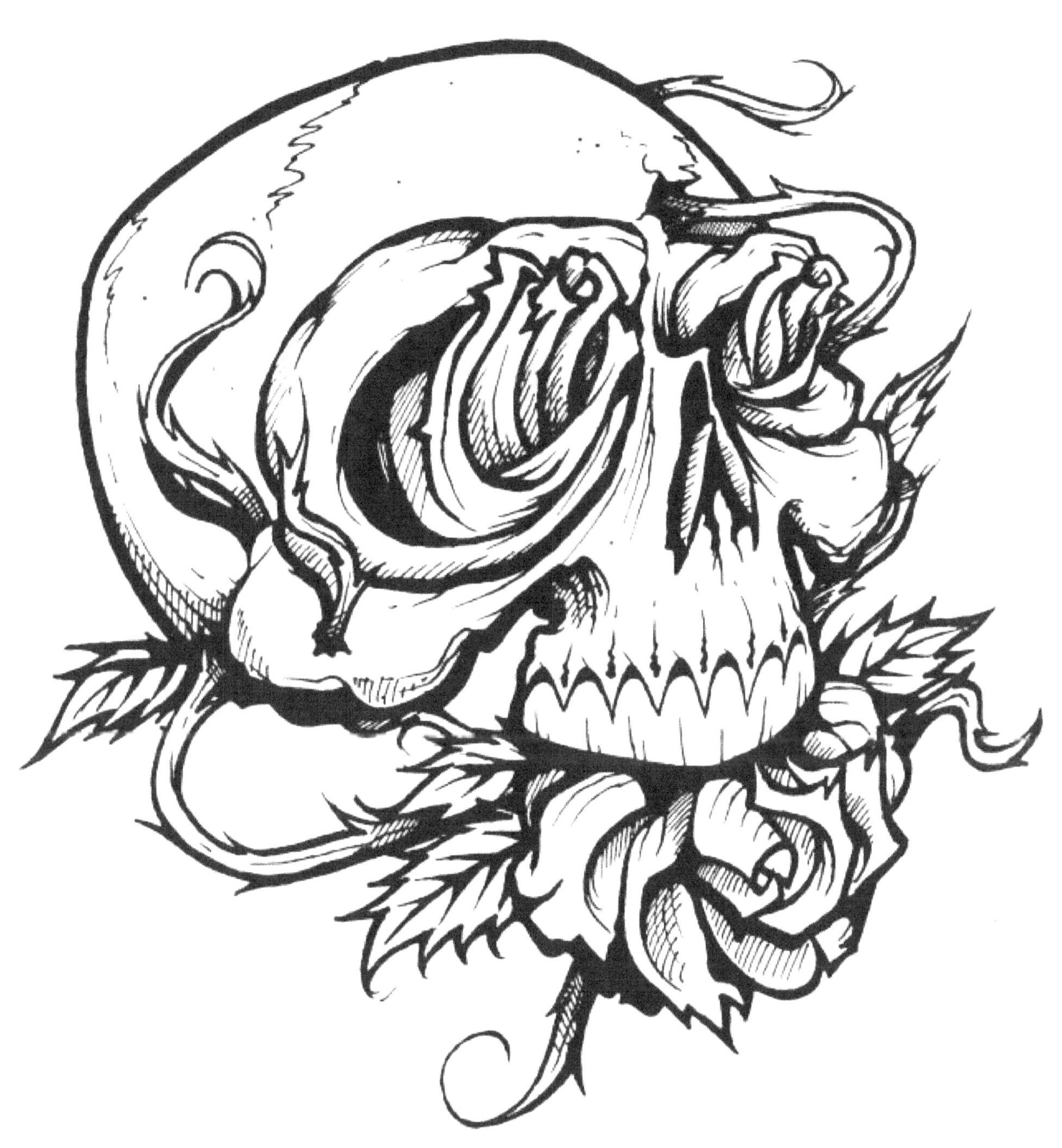

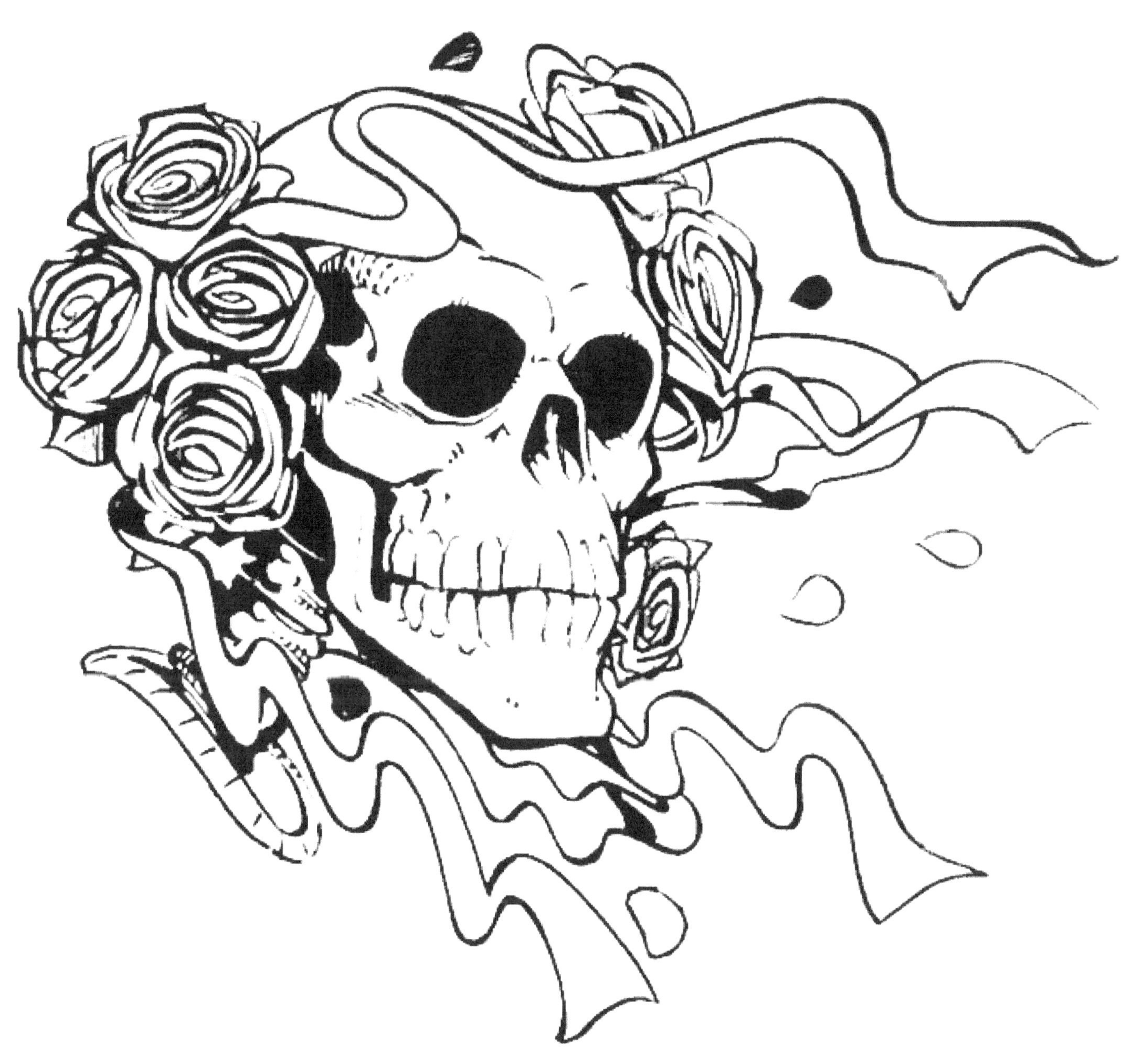

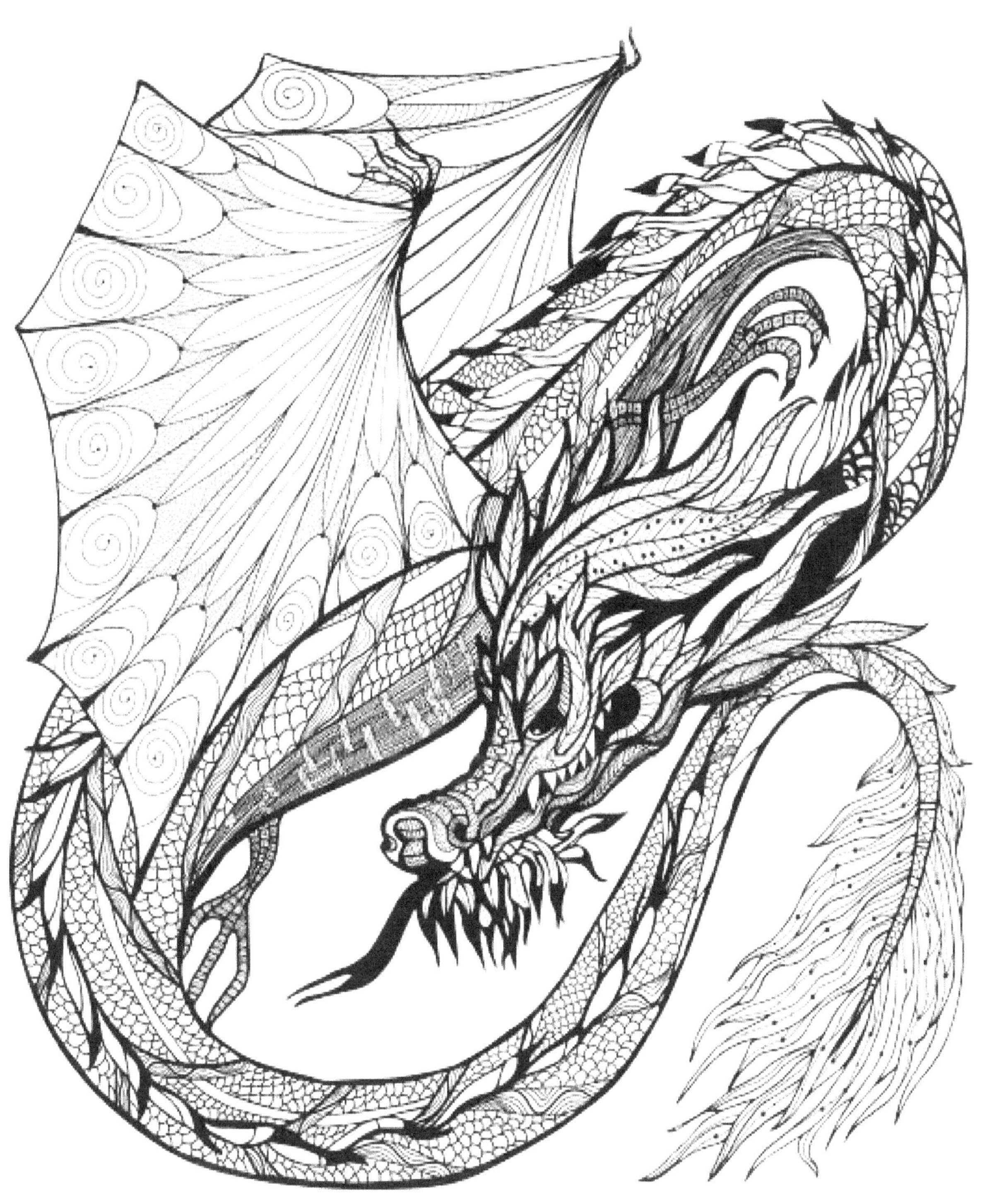

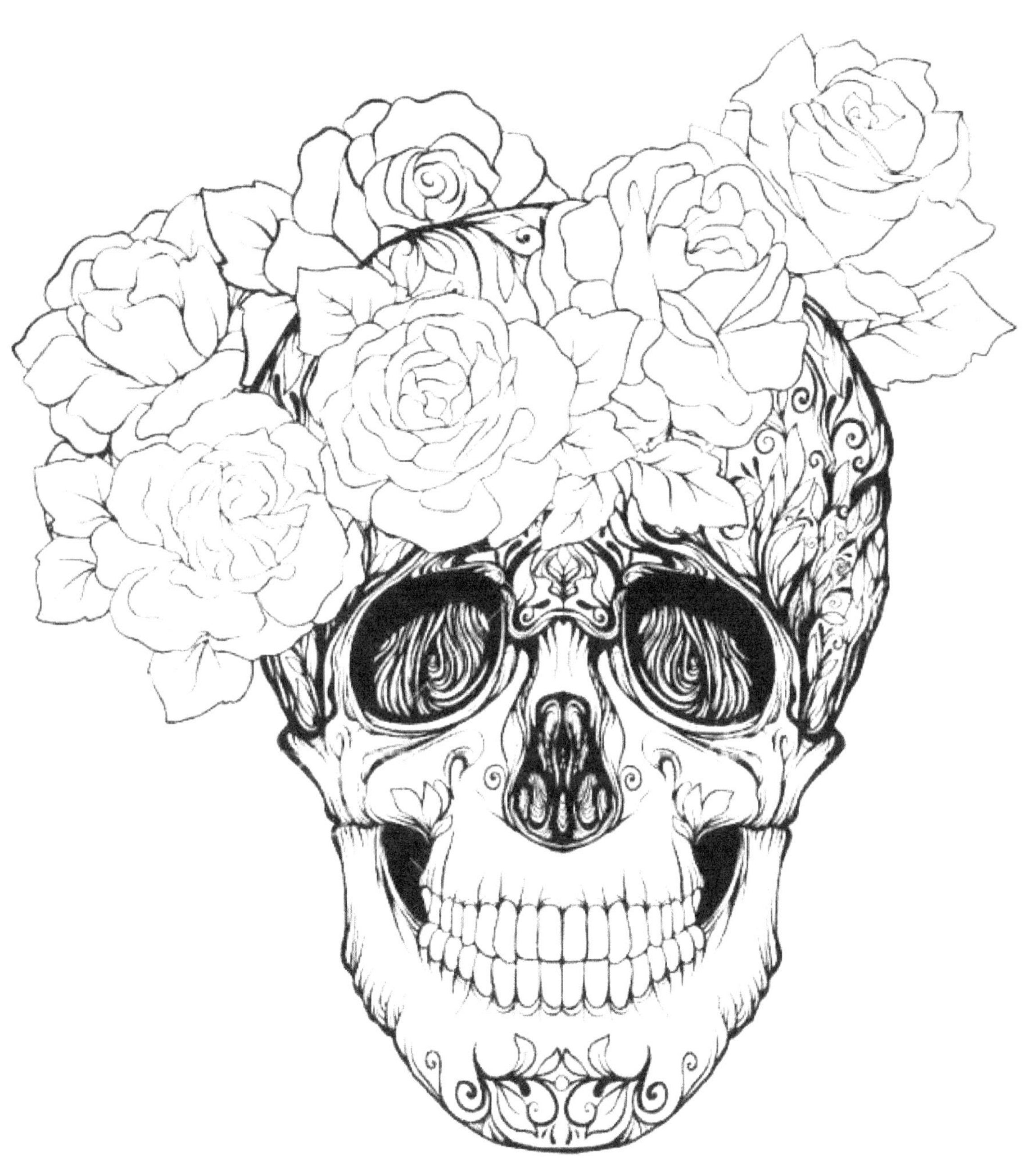

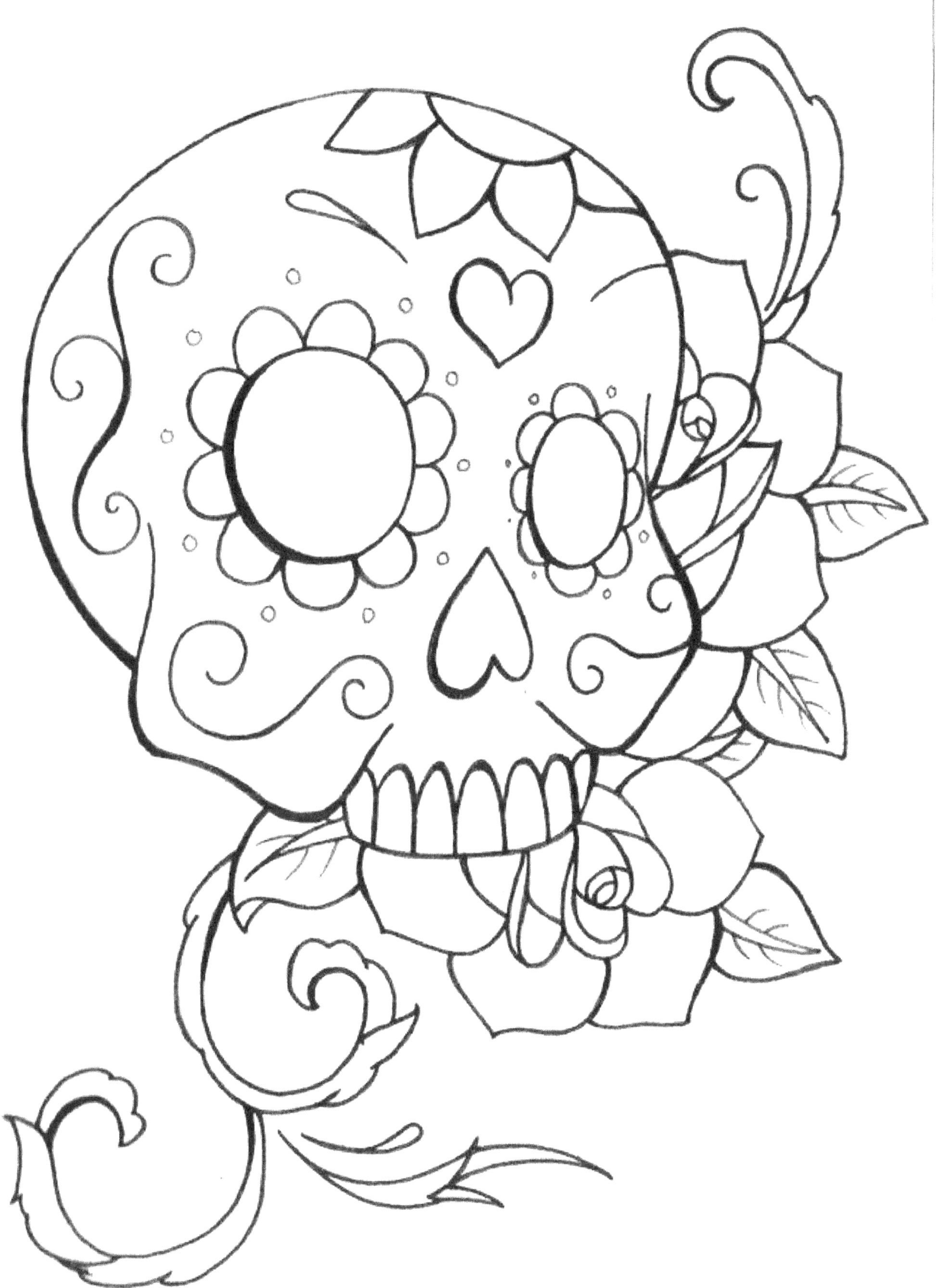

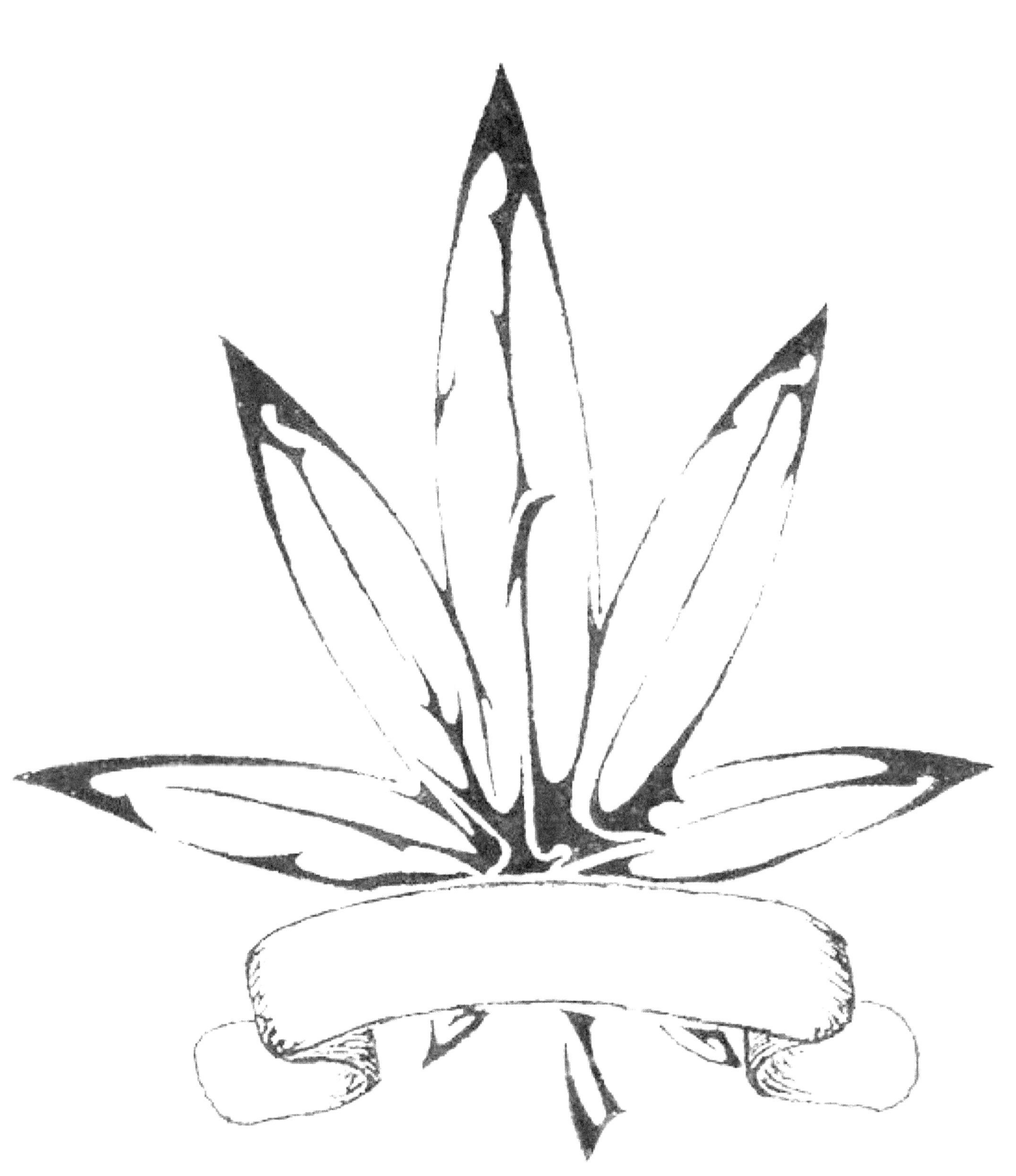

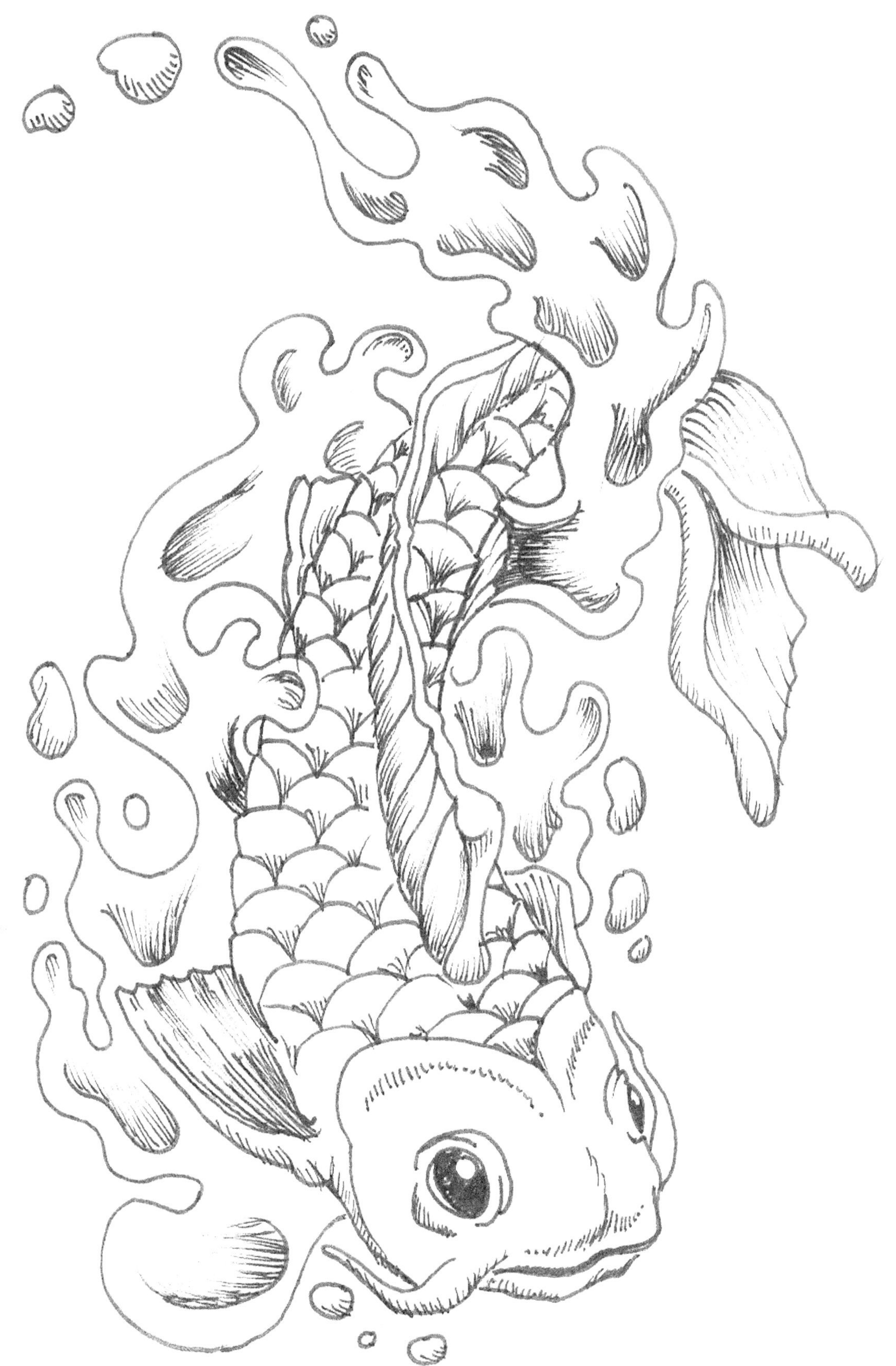

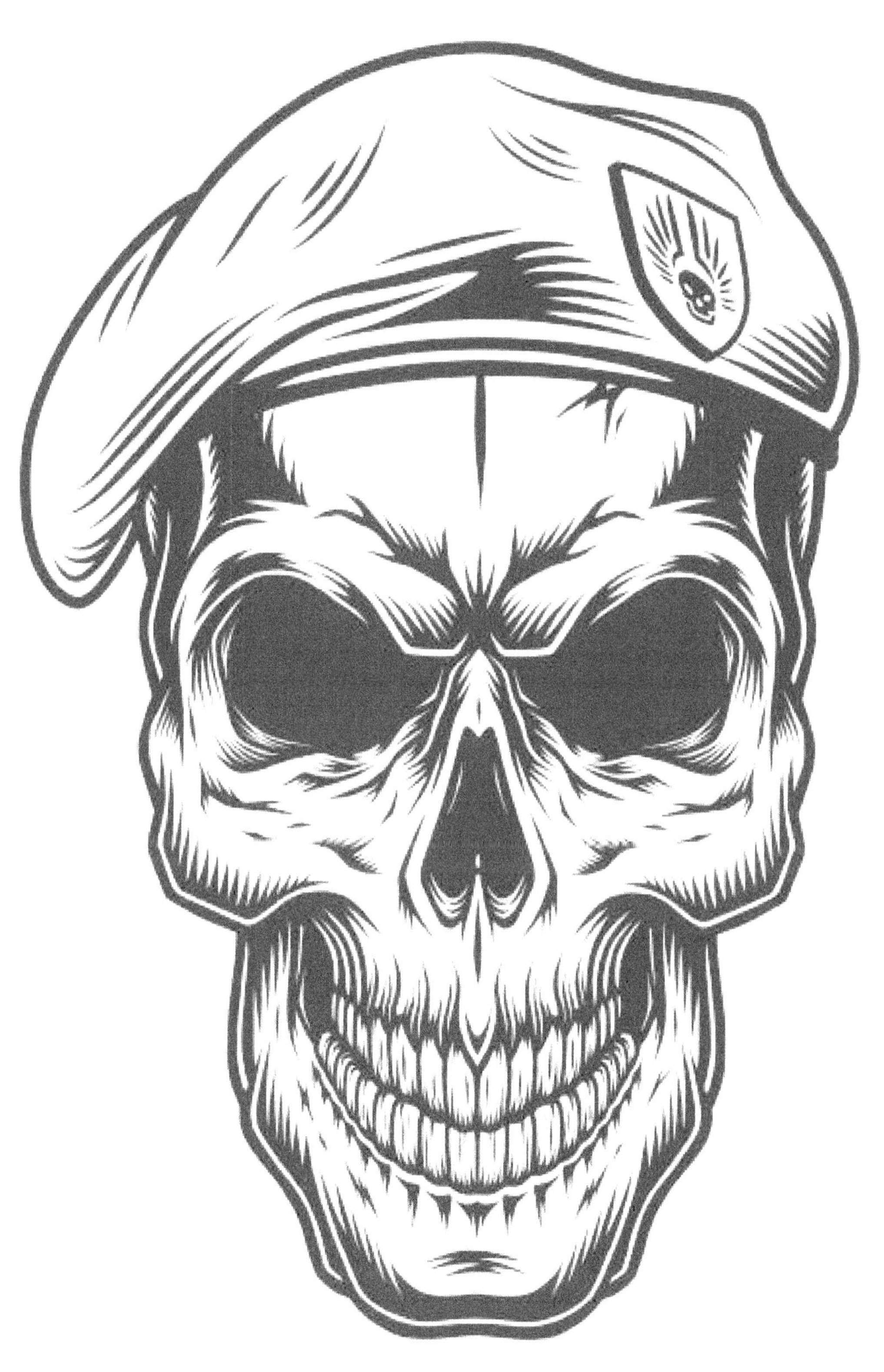

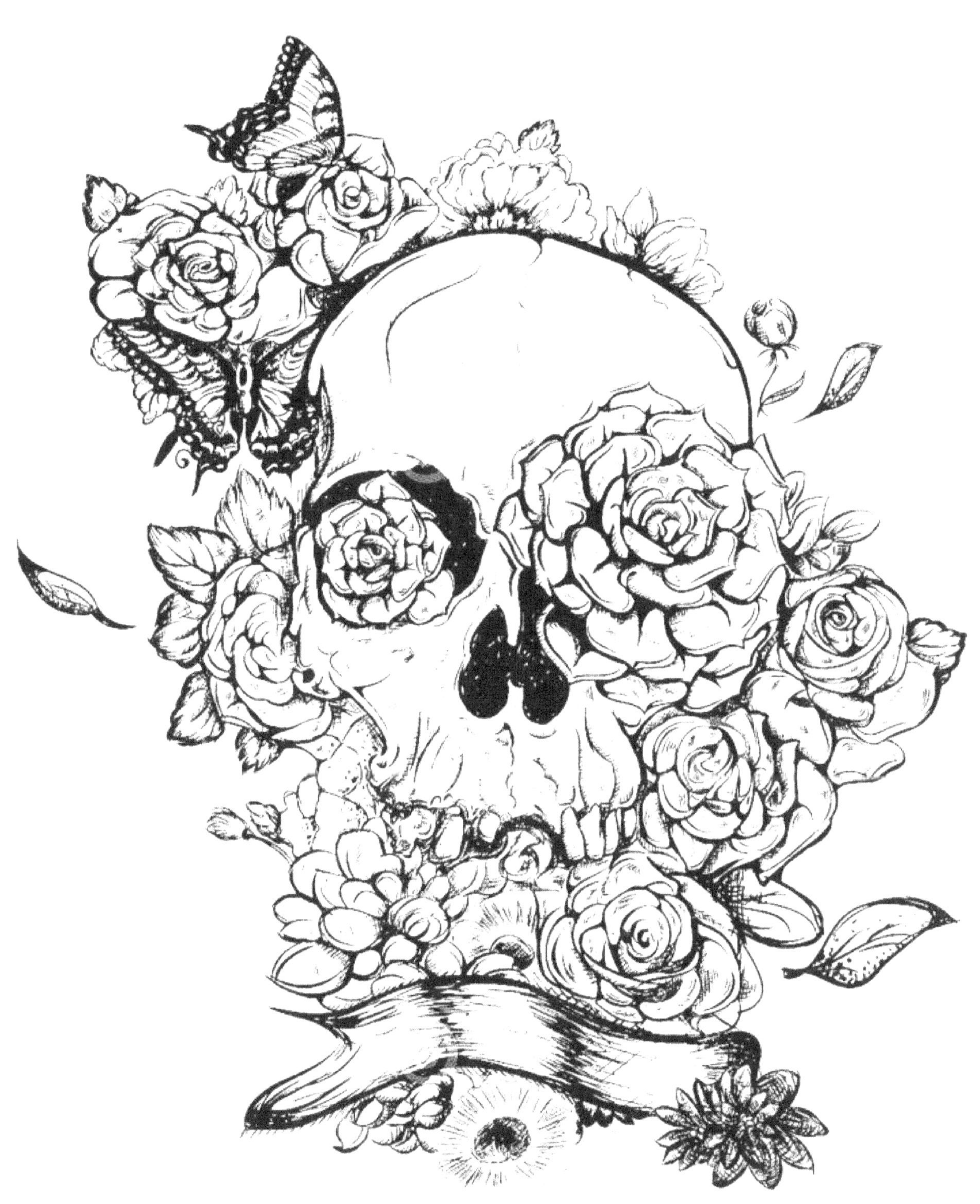

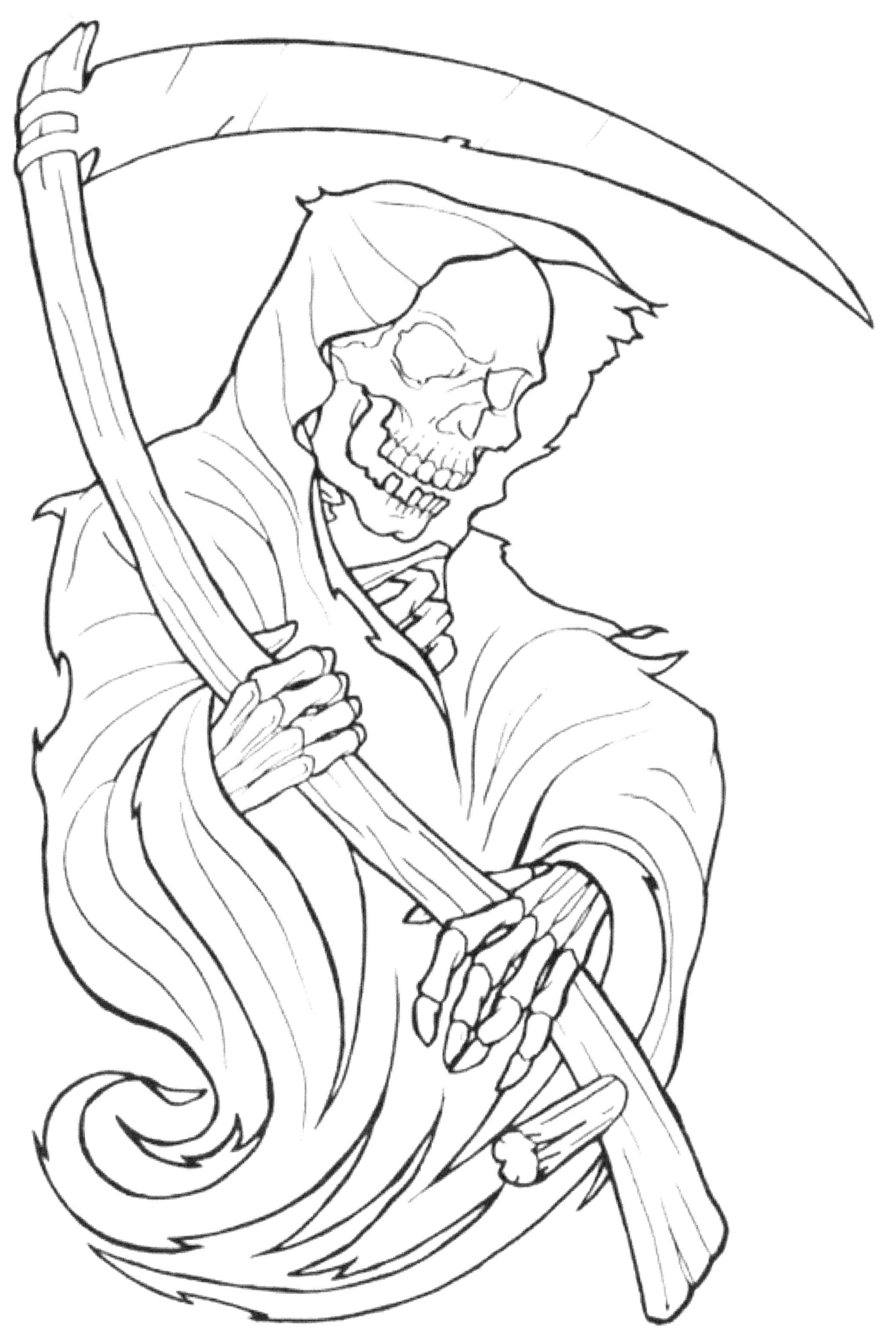

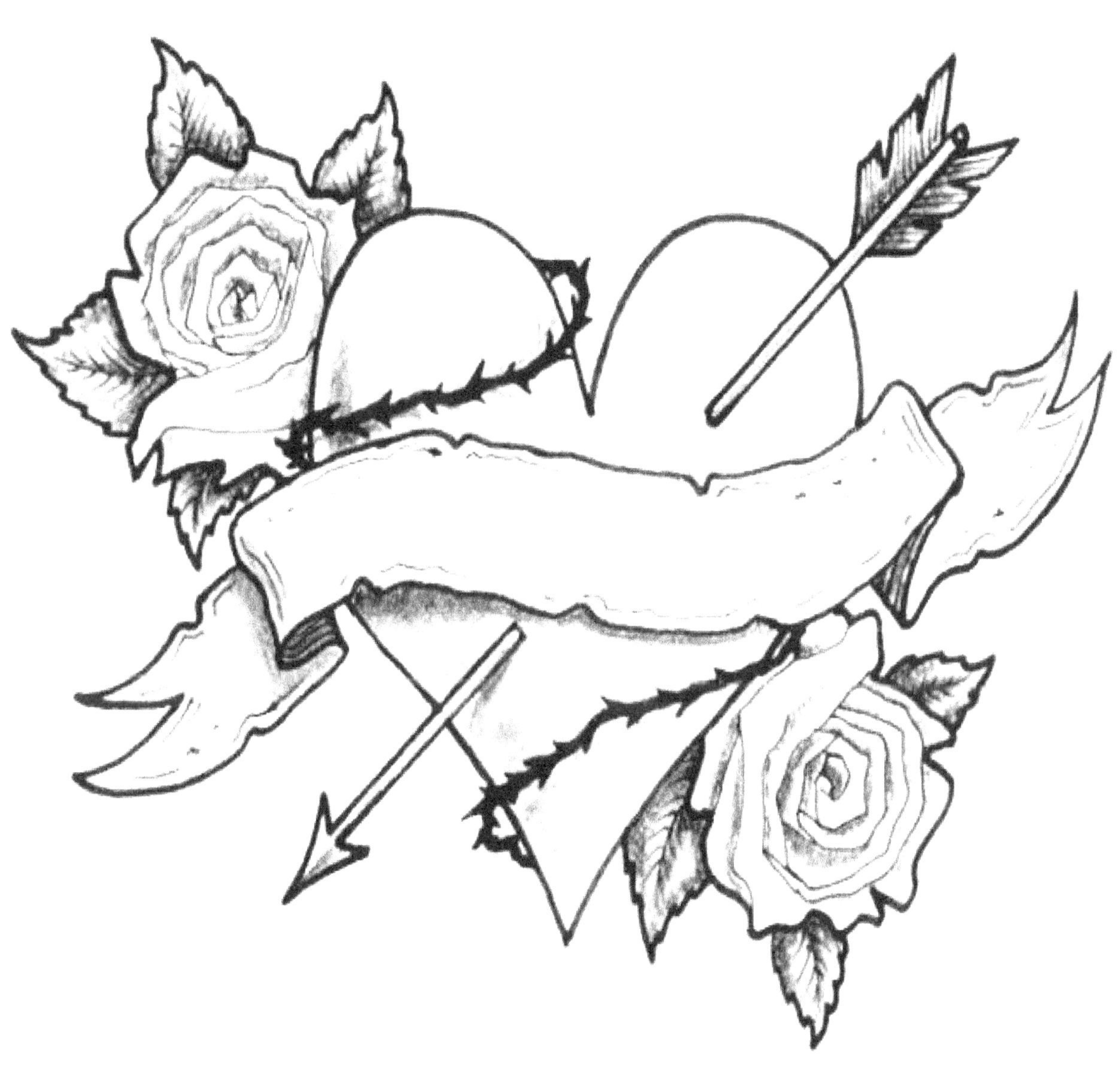

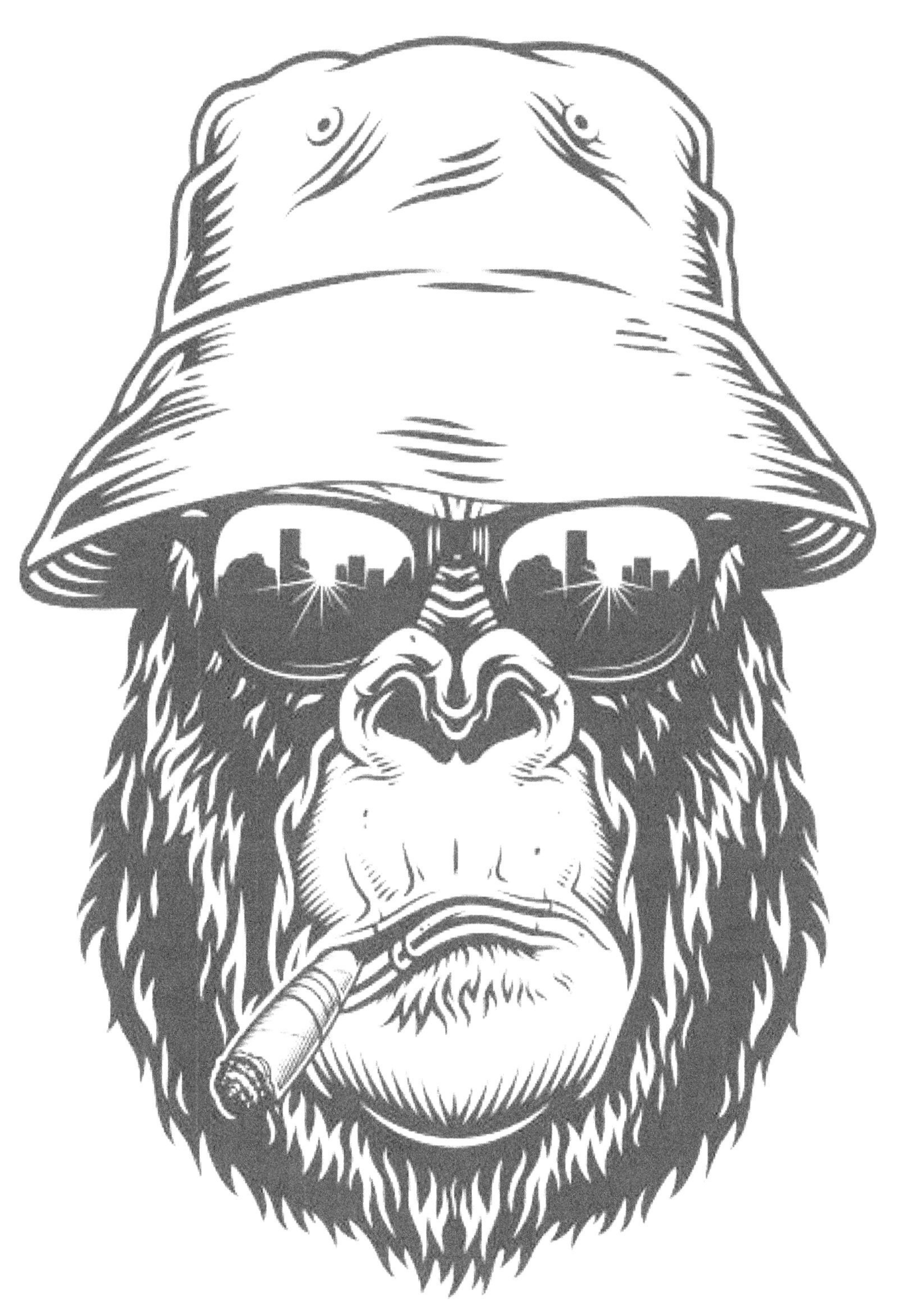

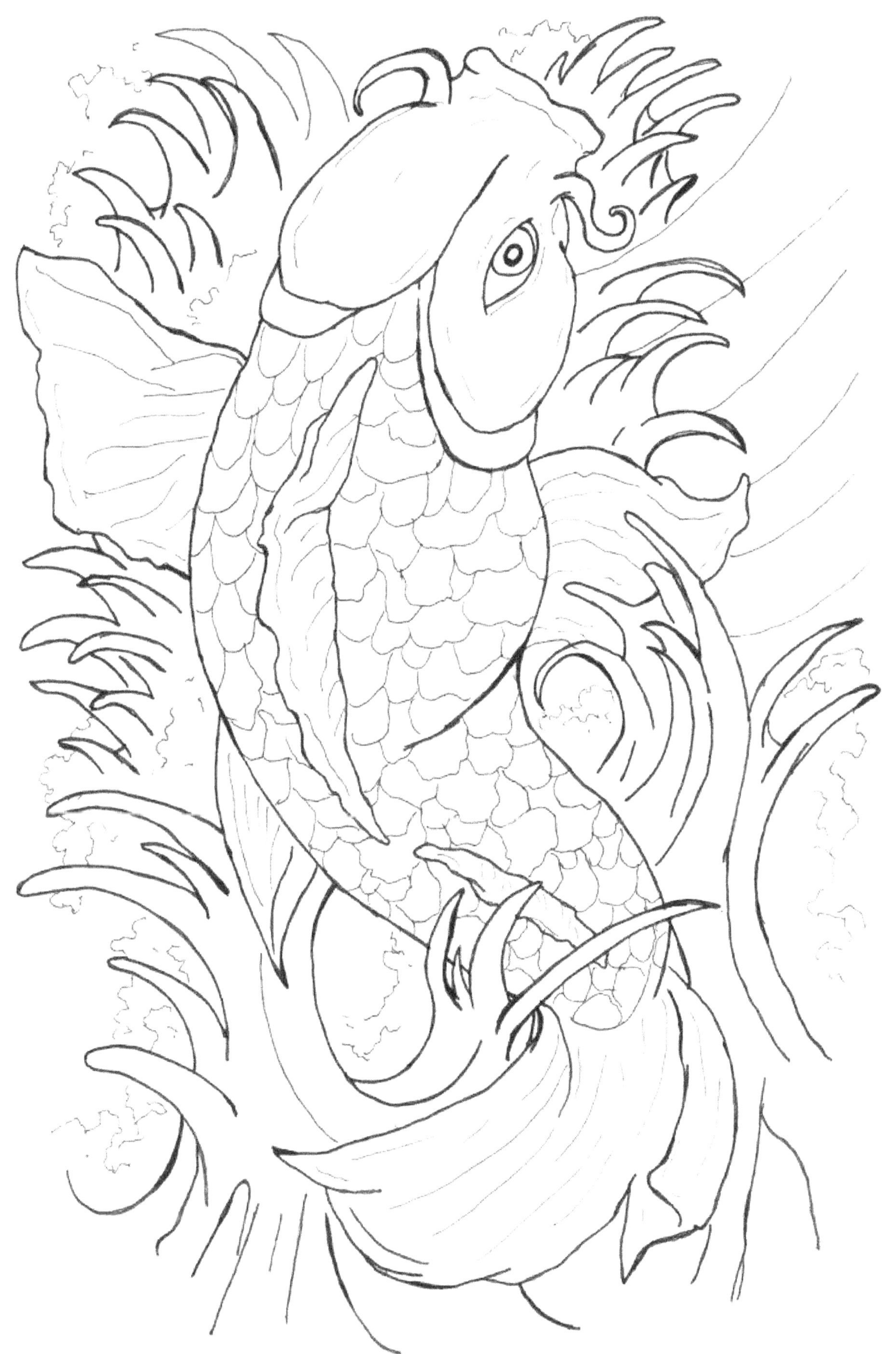

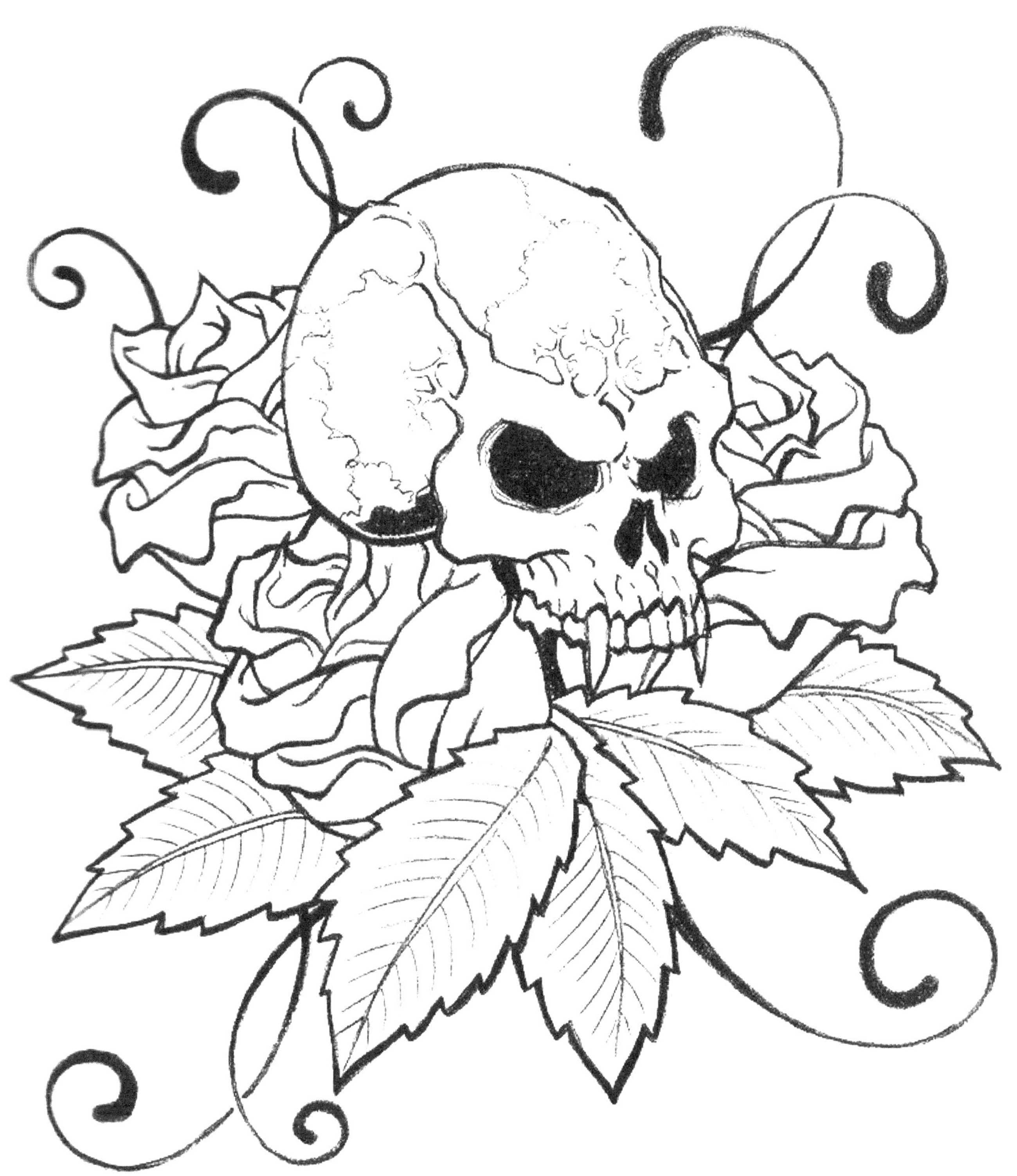

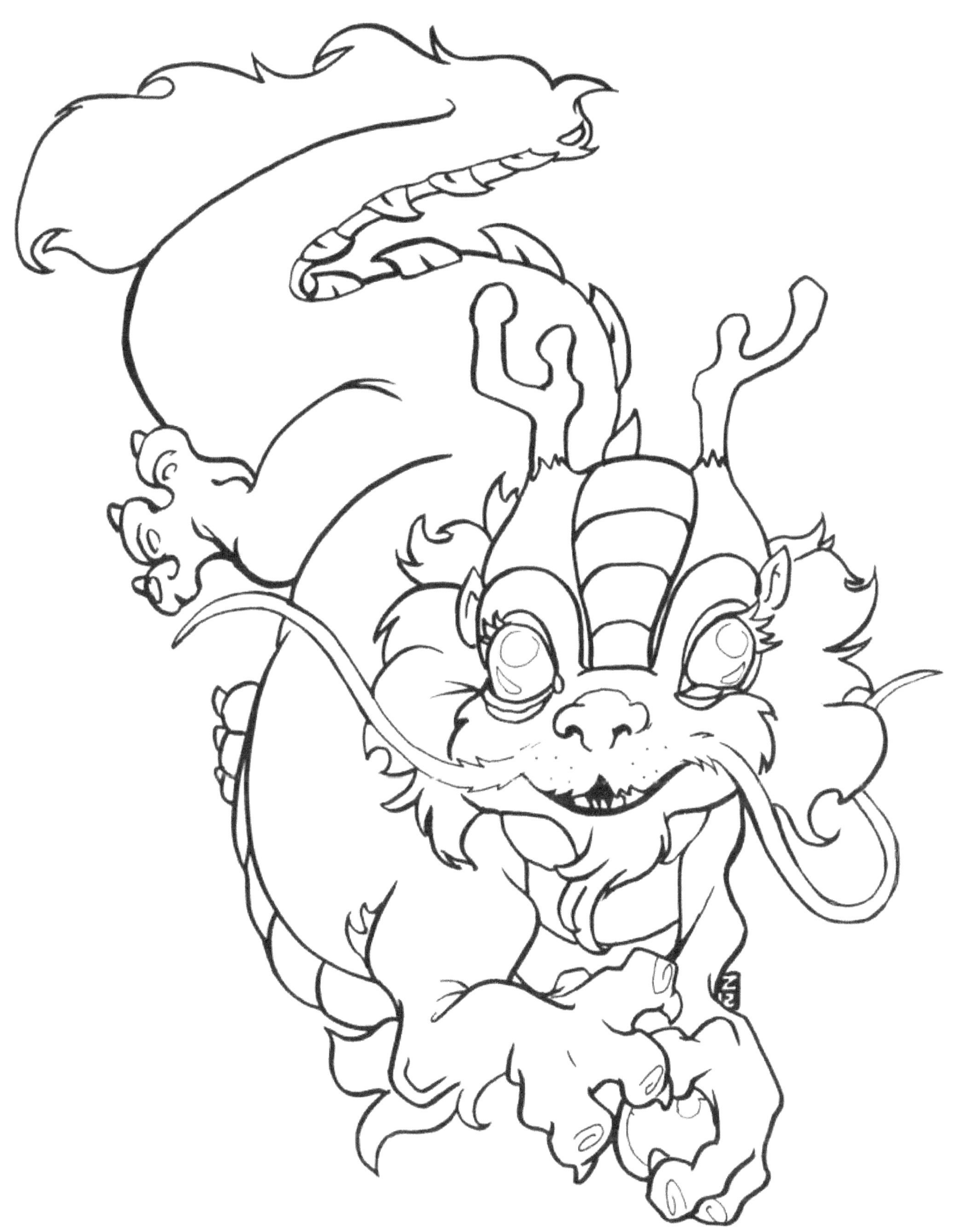

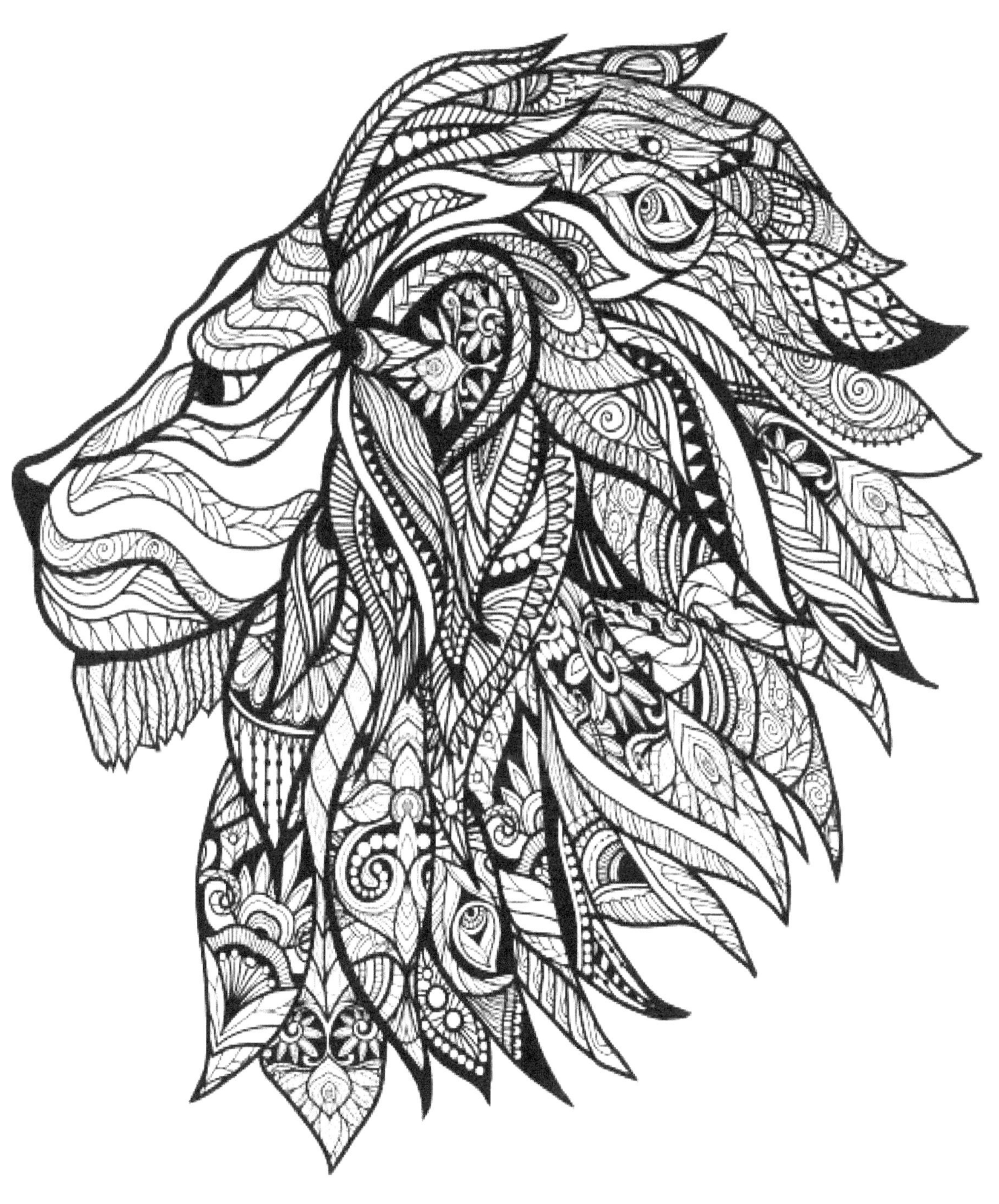

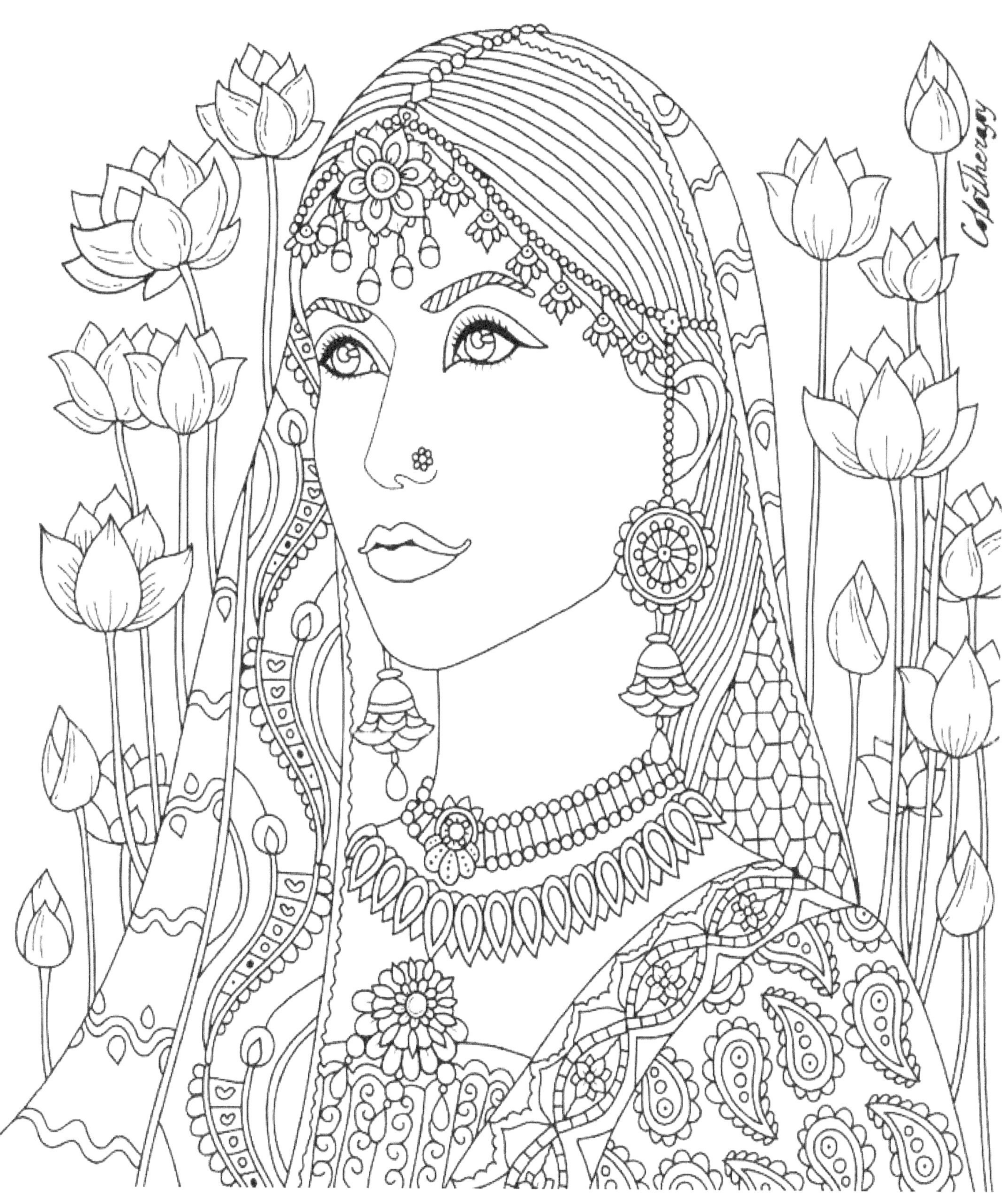

CpThérapy

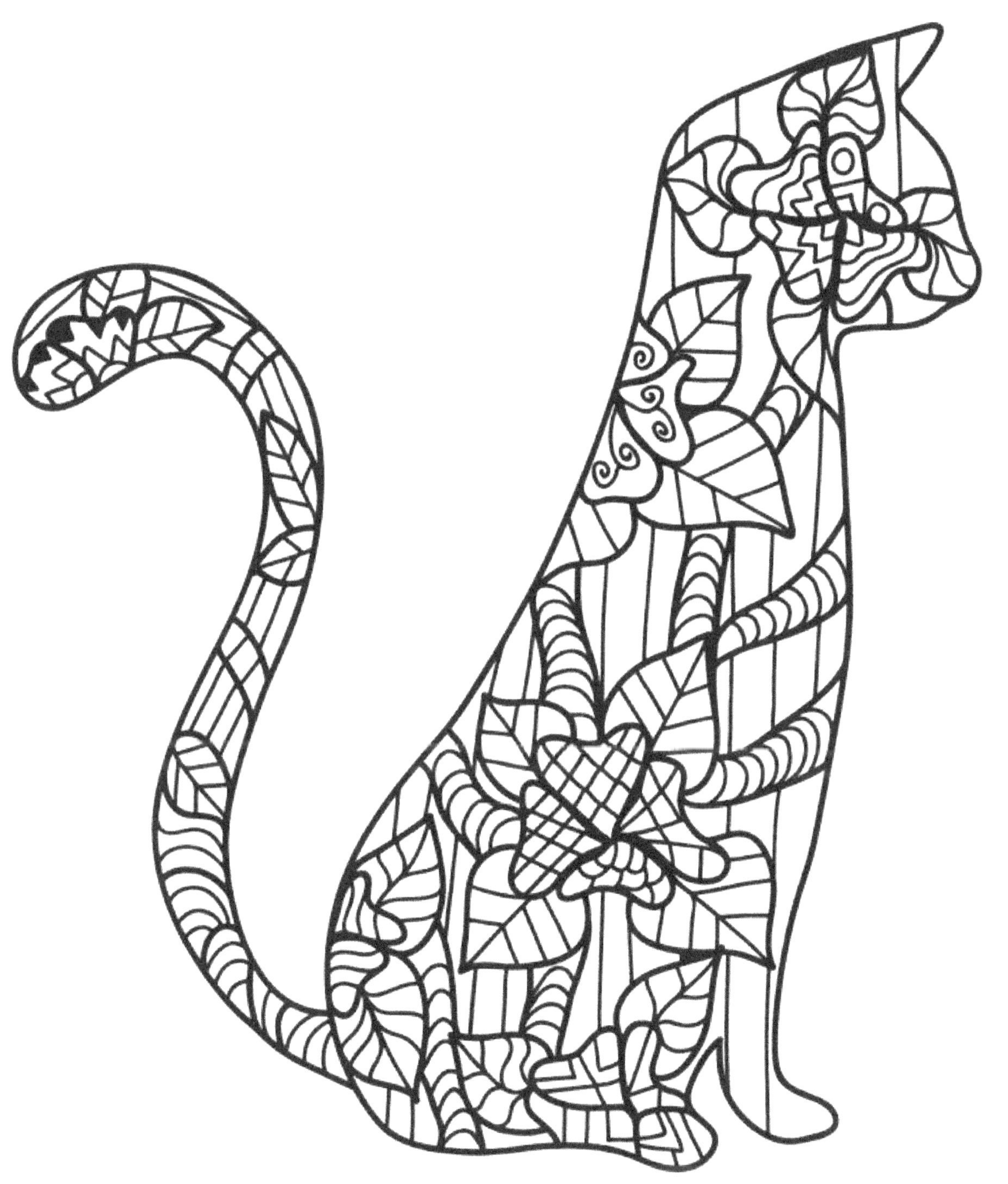

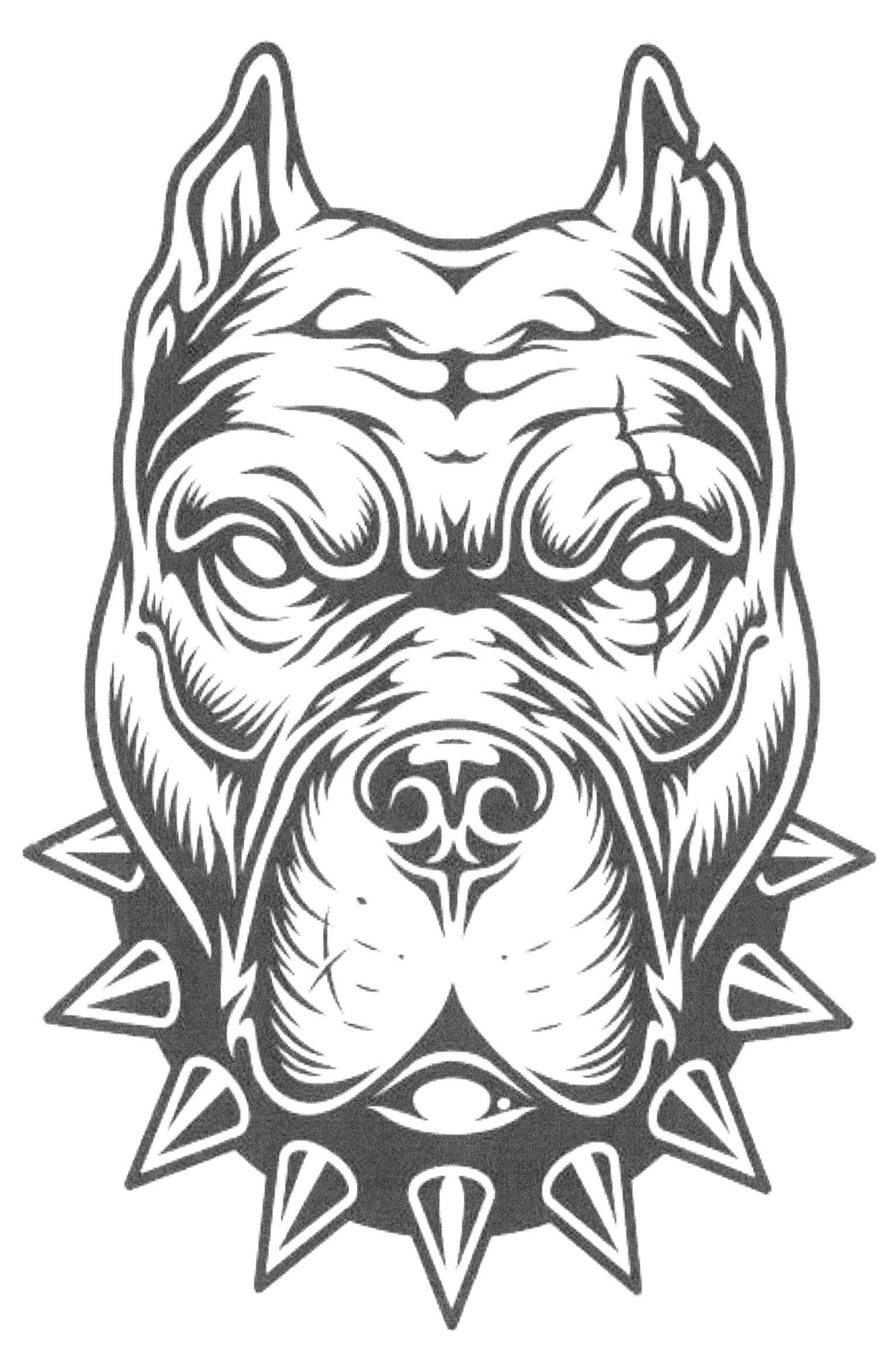

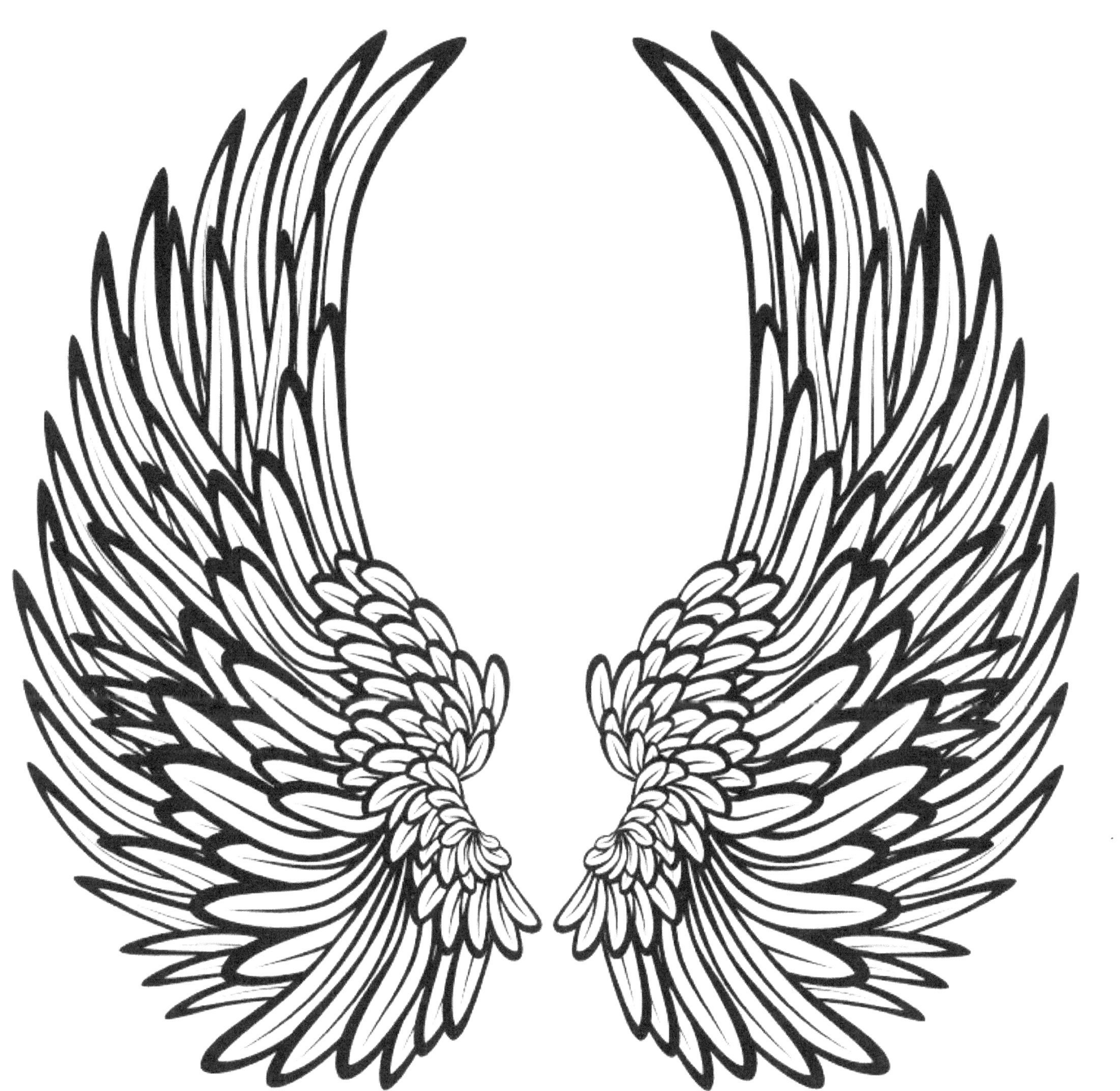

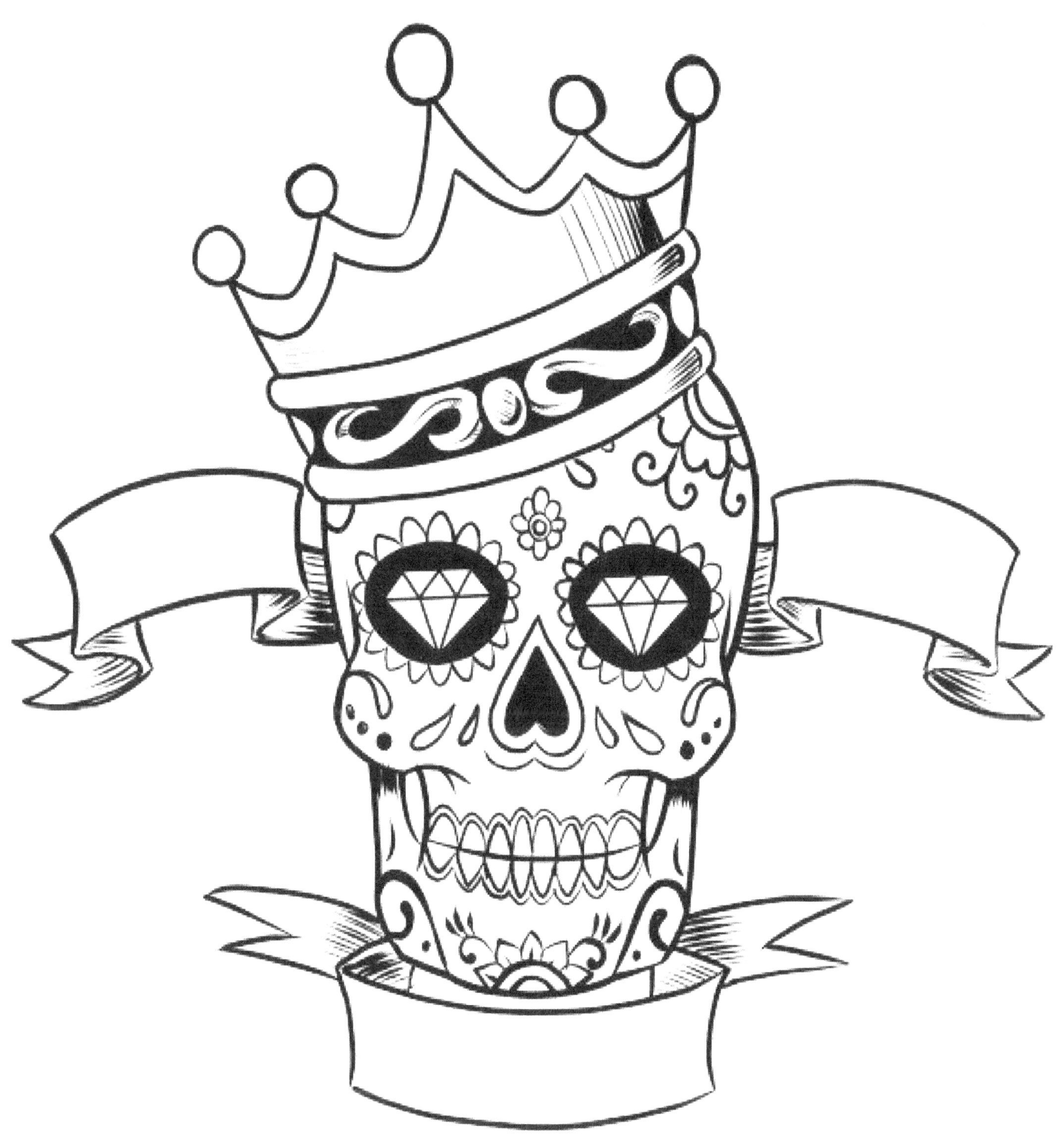

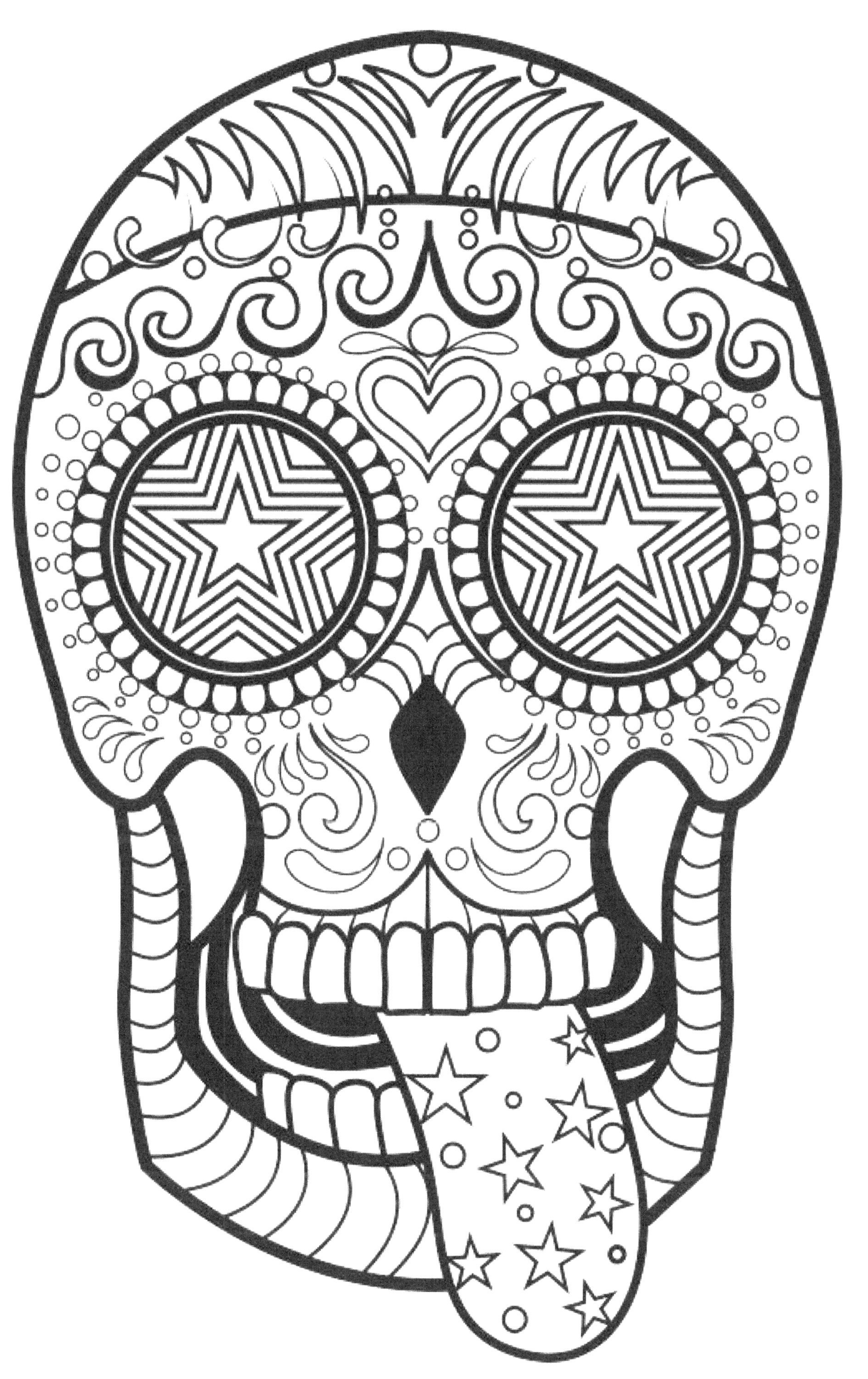

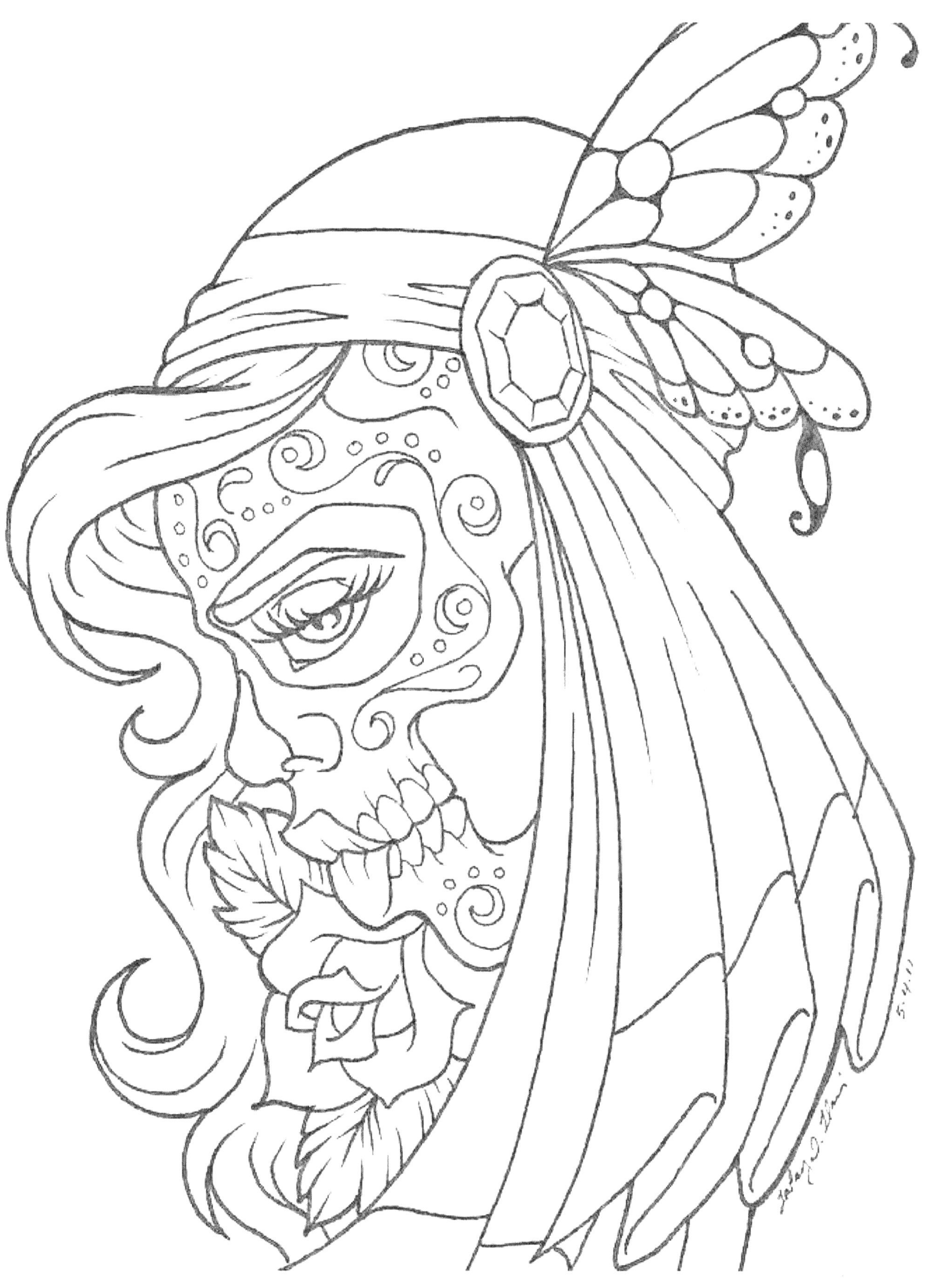

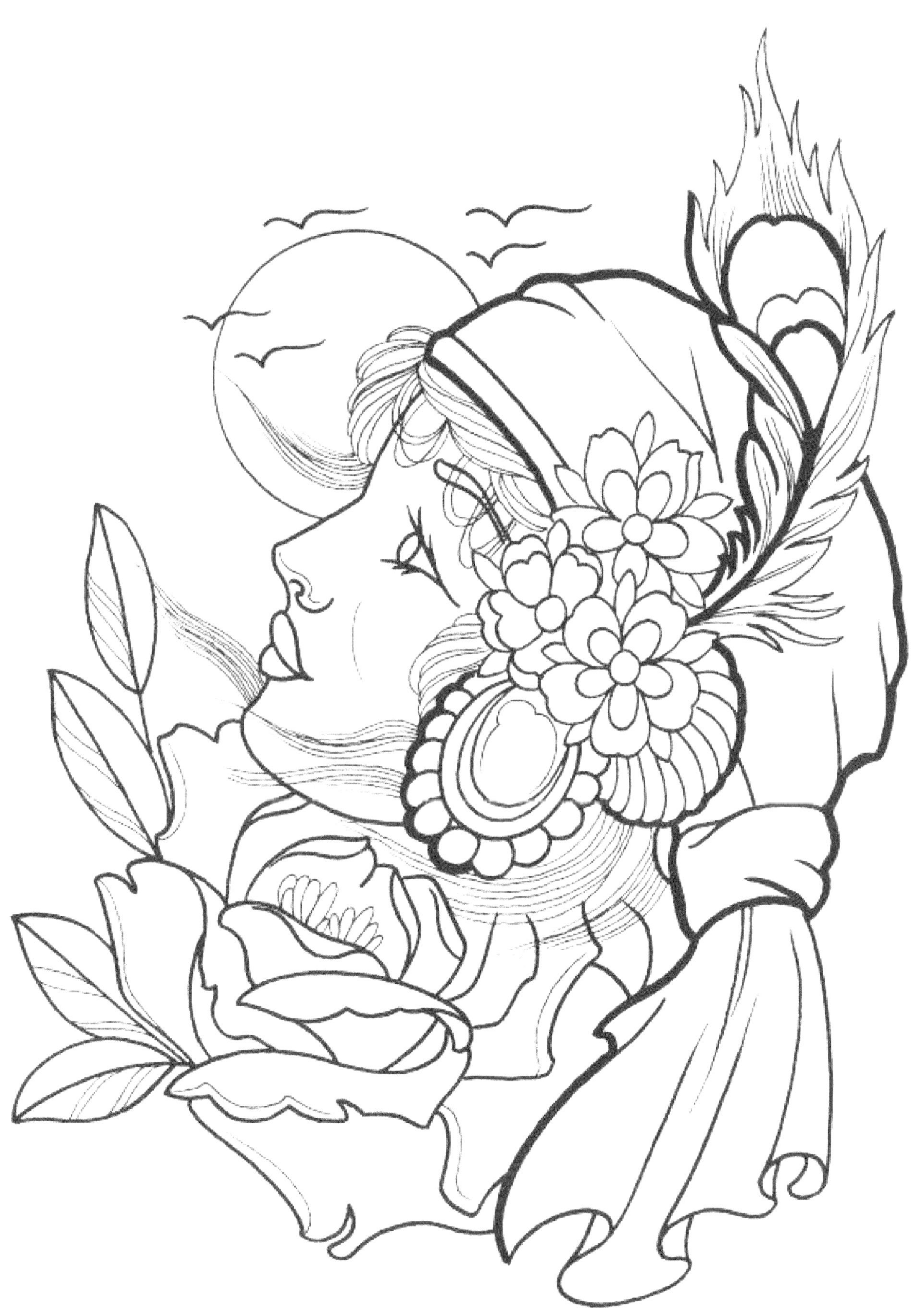

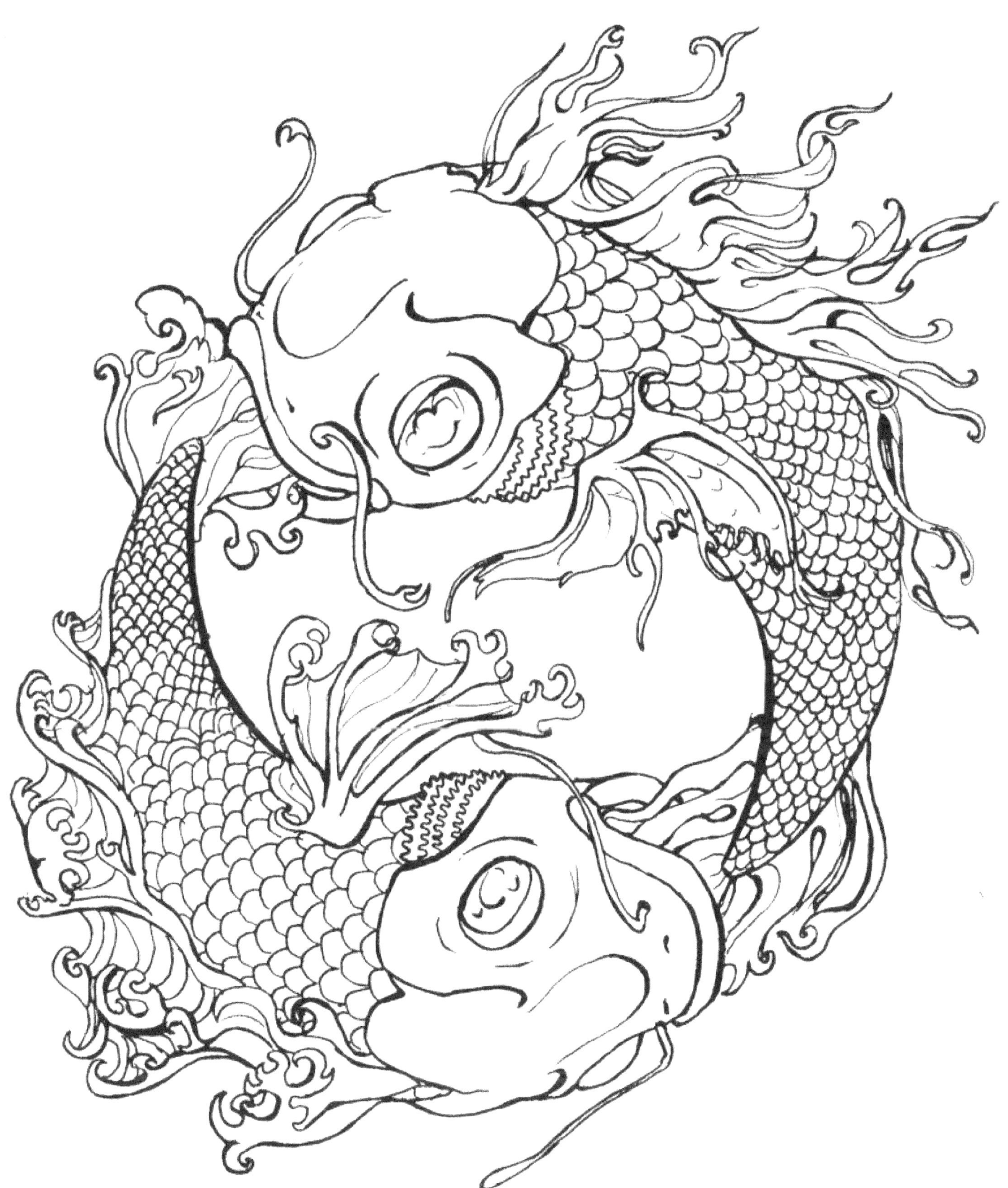

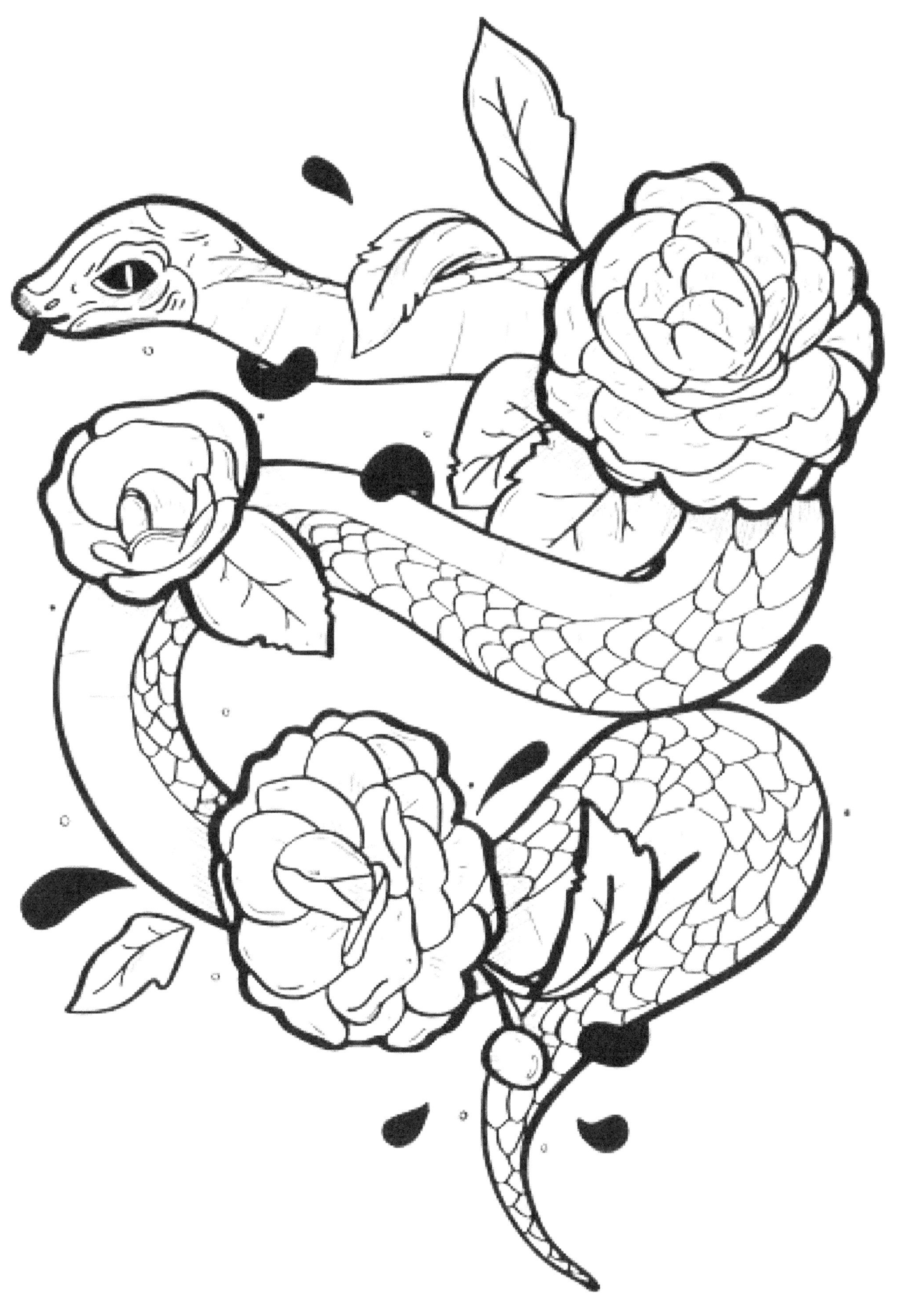

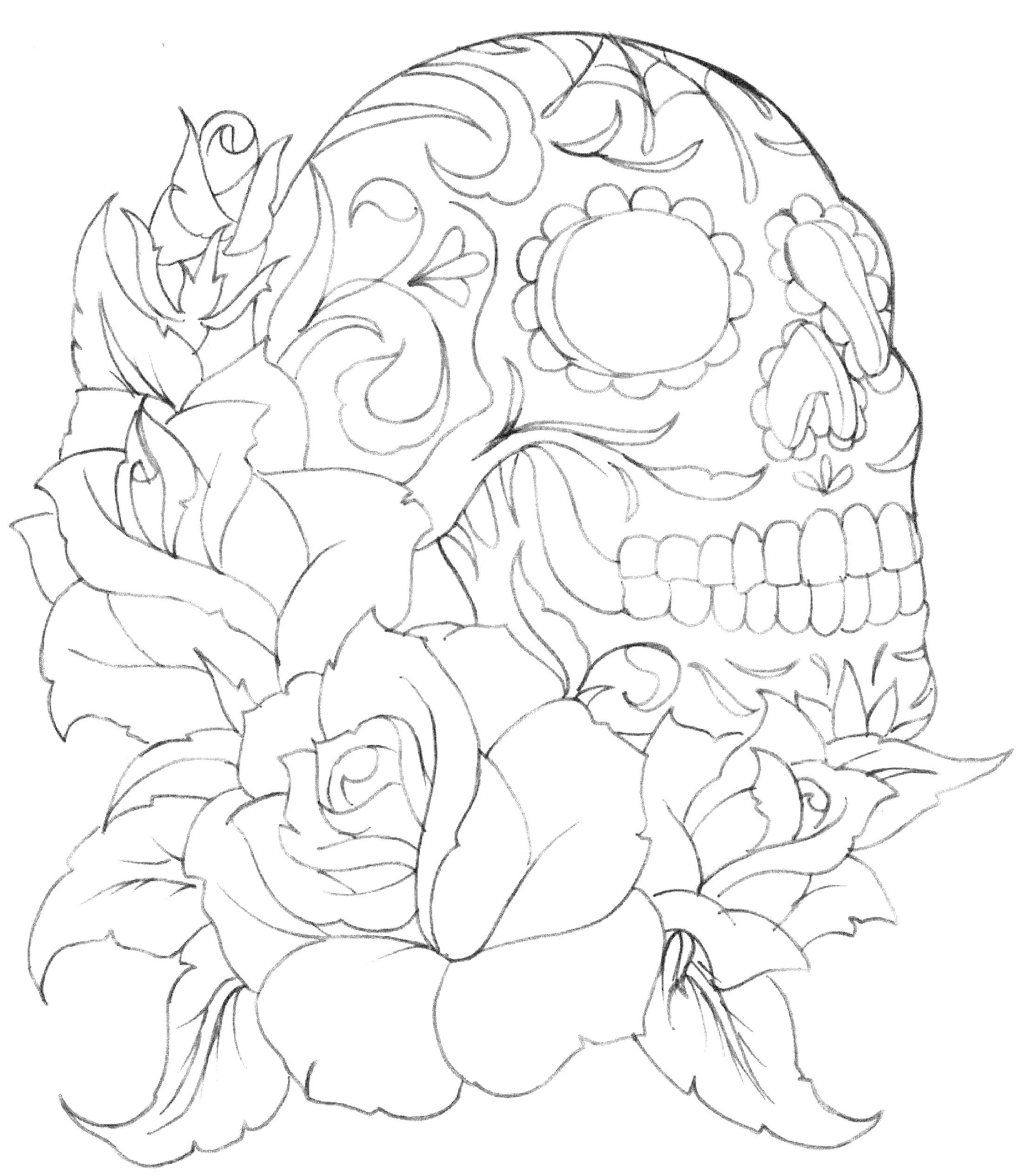

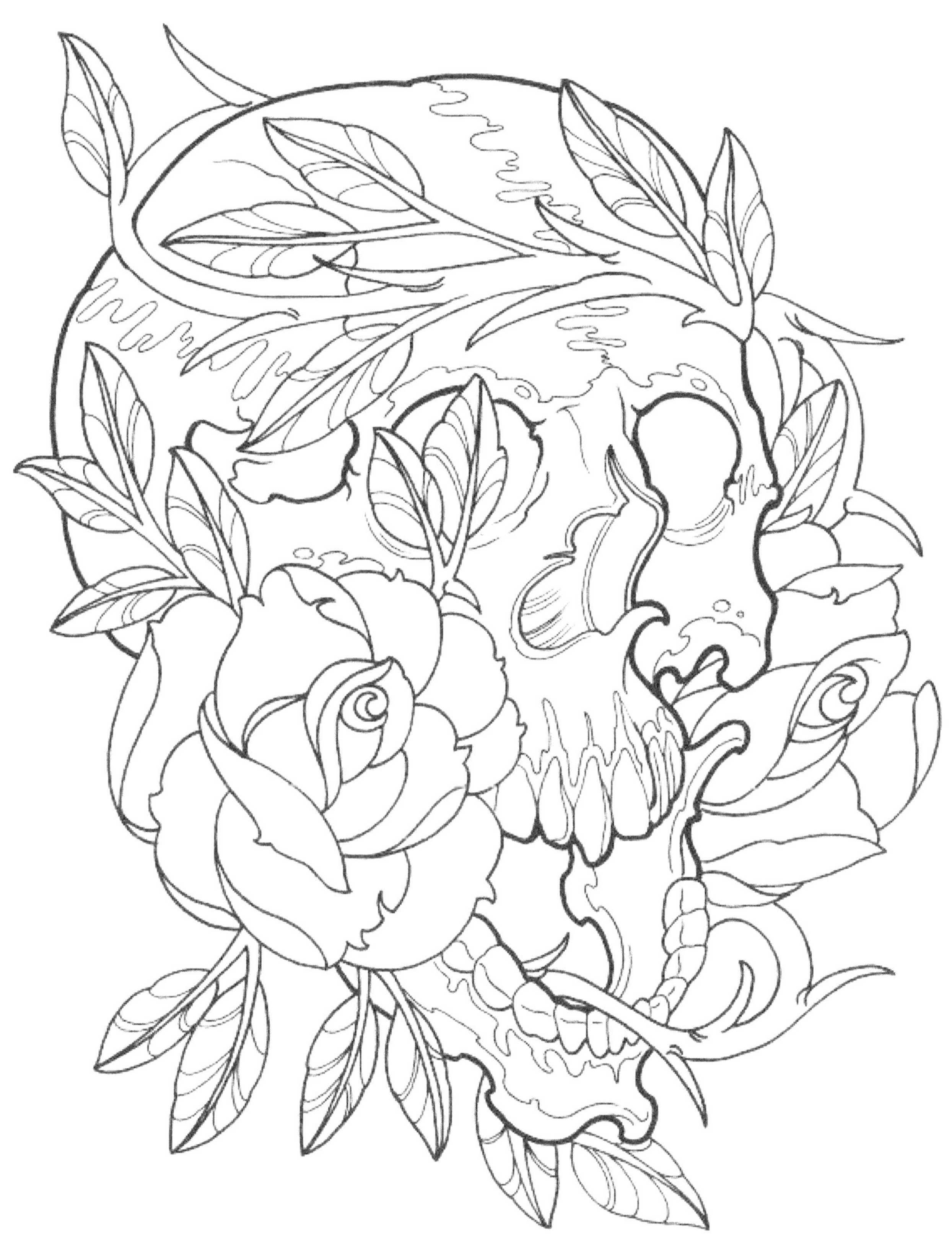

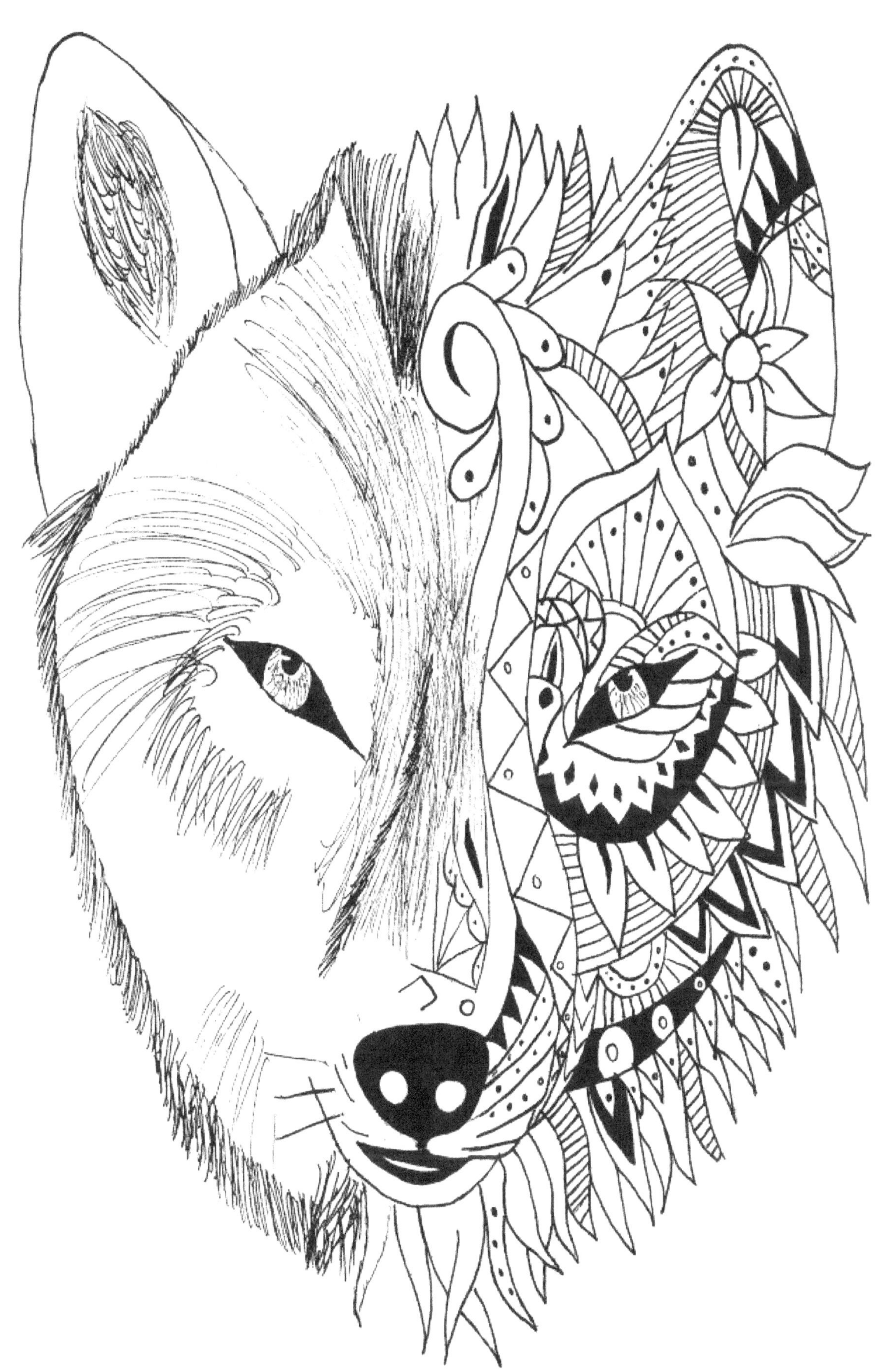

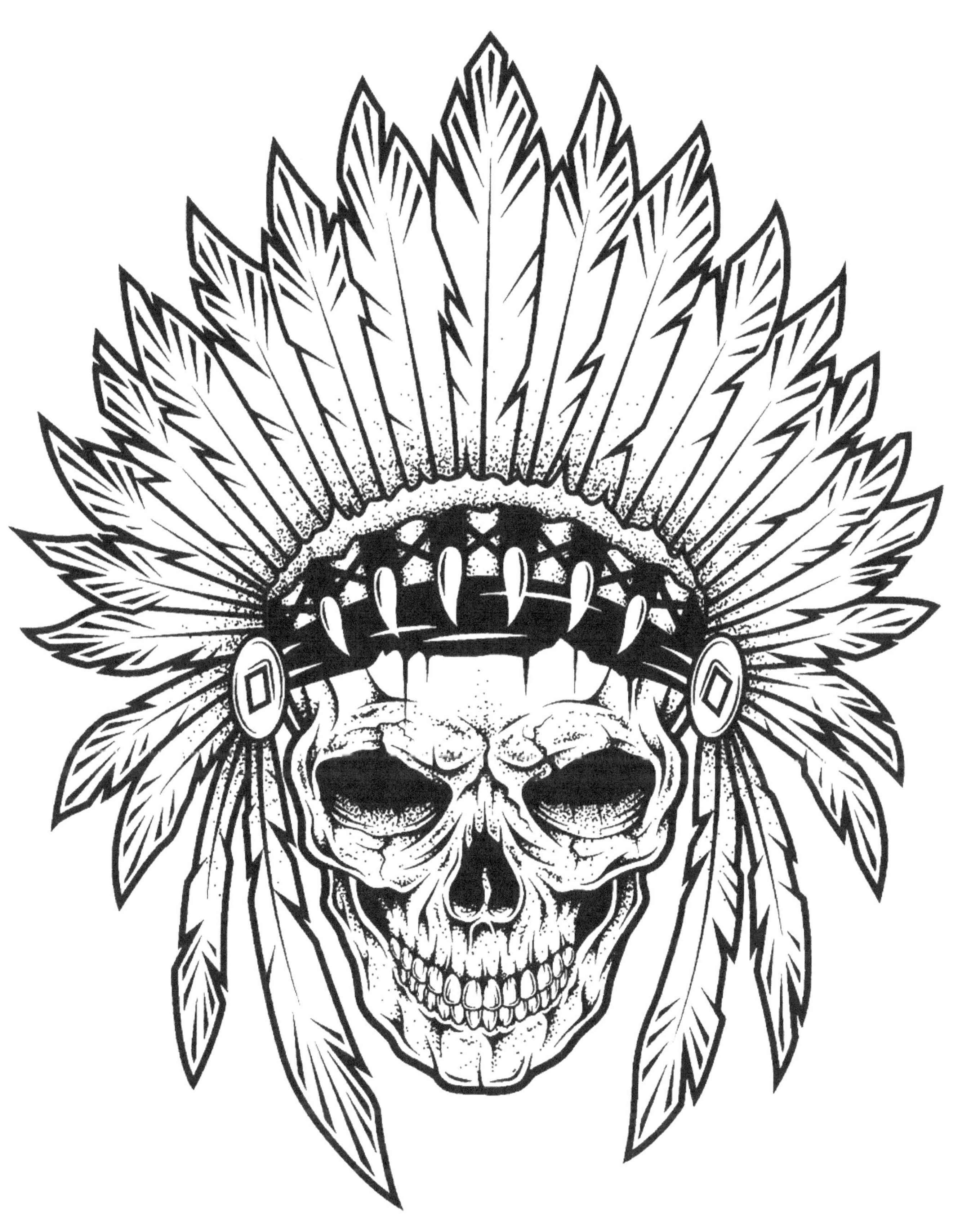

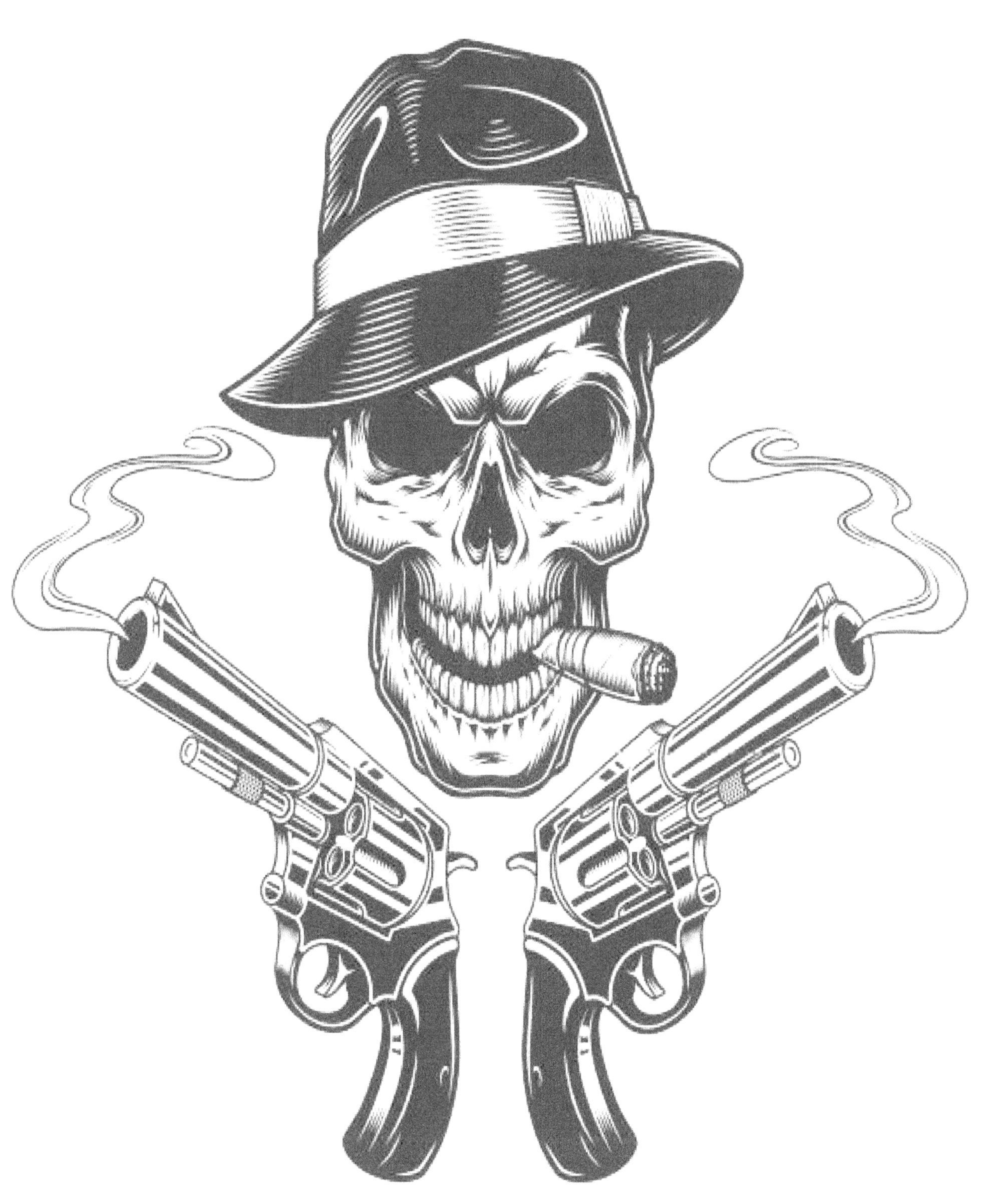

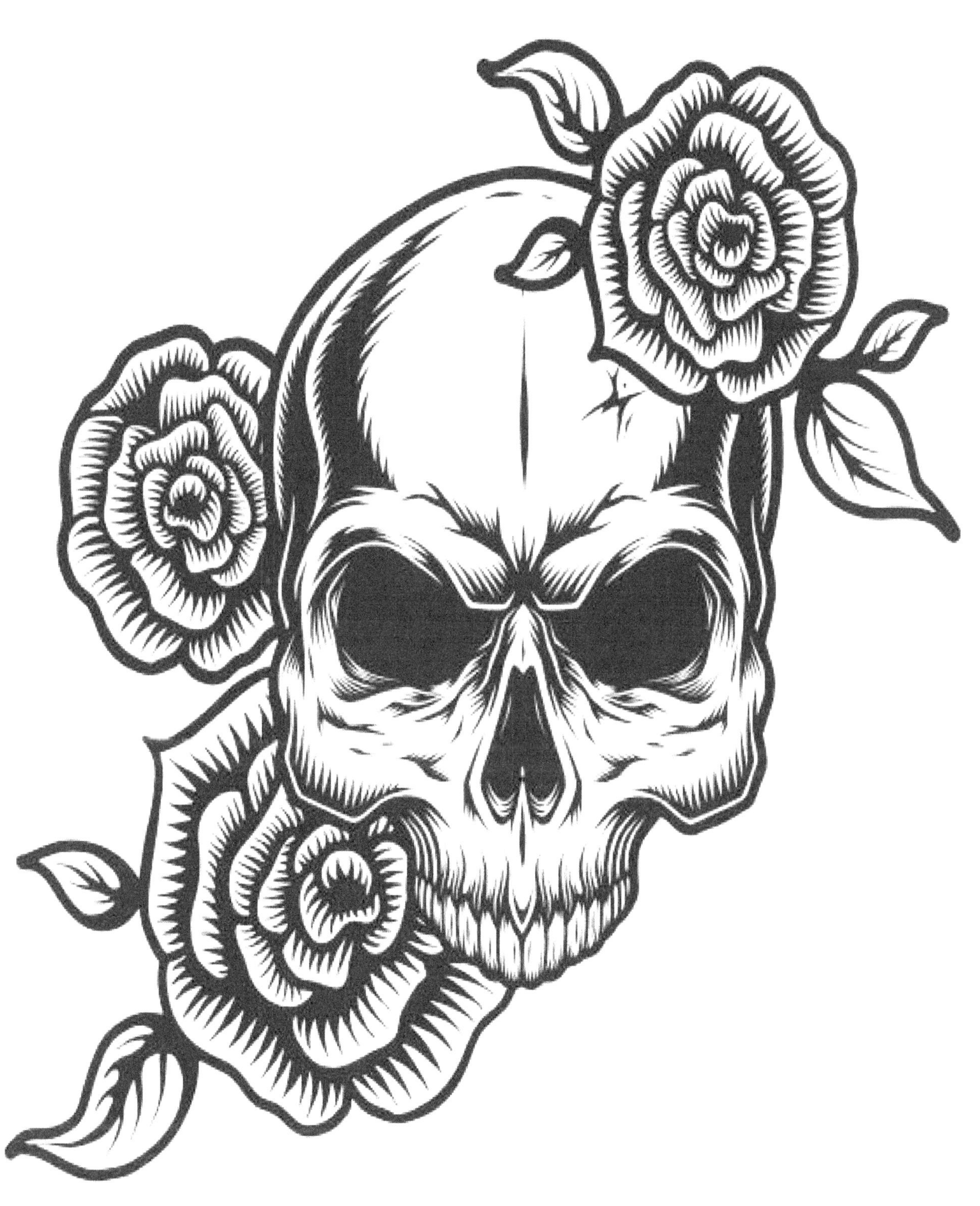

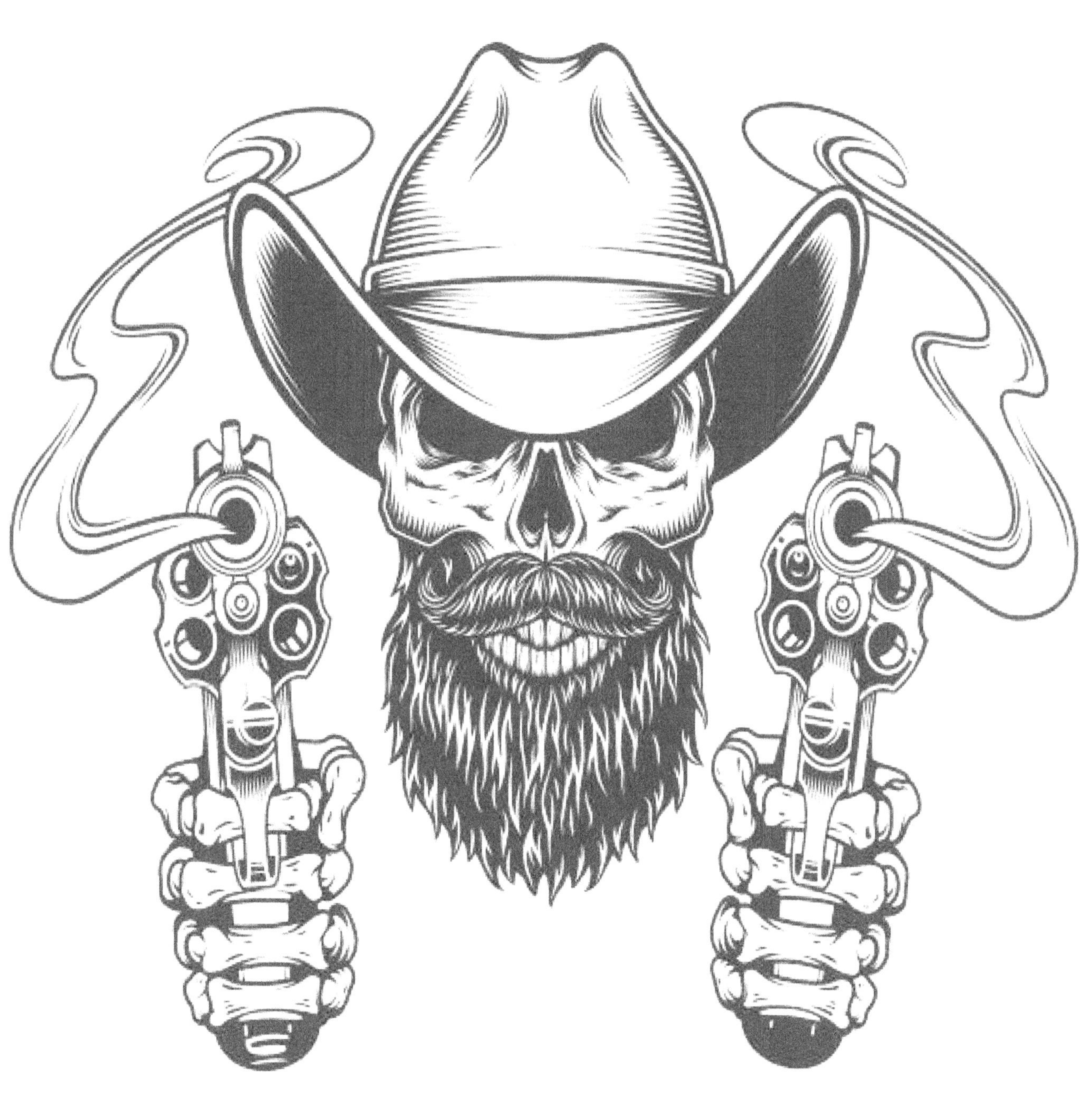